FELICIDADE DÁ LUCRO

MÁRCIO FERNANDES

Felicidade dá lucro

Lições de um dos líderes empresariais mais admirados do Brasil

PREFÁCIO
Luiza Helena Trajano

POSFÁCIO
Oscar Motomura

11ª reimpressão

PORTFOLIO
PENGUIN

Copyright © 2015 by Márcio Fernandes

A Portfolio-Penguin é uma divisão da Editora Schwarcz S.A.

Grafia atualizada segundo o Acordo Ortográfico da Língua Portuguesa de 1990, que entrou em vigor no Brasil em 2009.

PORTFOLIO and the pictorial representation of the javelin thrower are trademarks of Penguin Group (USA) Inc. and are used under license. PENGUIN is a trademark of Penguin Books Limited and is used under license.

CAPA Cleber Rafael de Campos
FOTO DE CAPA Kiko Ferrite
IMAGENS DE MIOLO pp. 23-4, 27-8, 53, 59, 89: acervo pessoal do autor; p. 168: capa *Você S/A* / Marcelo Spatafora / Abril Comunicação S/A
PROJETO GRÁFICO Tamires Cordeiro
PREPARAÇÃO Patricia Calheiros
REVISÃO Ana Maria Barbosa e Renata Lopes Del Nero

Dados Internacionais de Catalogação na Publicação (CIP)
(Câmara Brasileira do Livro, SP, Brasil)

Fernandes, Márcio
  Felicidade dá lucro: lições de um dos líderes empresariais mais admirados do Brasil/ Márcio Fernandes; prefácio Luiza Helena Trajano; posfácio Oscar Motomura. — 1ª ed. — São Paulo: Portfolio-Penguin, 2015.

  ISBN 978-85-8285-023-7

  1. Administração de empresas 2. Carreira profissional — Desenvolvimento 3. Empreendedorismo 4. Empresários 5. Liderança 6. Motivação 7. Sucesso em negócios I. Trajano, Luiza Helena. II. Motomura, Oscar III. Título.

15-08833   CDD-658.421

Índice para catálogo sistemático:
1. Empreendedorismo: Administração de empresas 658.421

Todos os direitos desta edição reservados à
EDITORA SCHWARCZ S.A.
Rua Bandeira Paulista, 702, cj. 32
04532-002 — São Paulo — SP
Telefone: (11) 3707-3500
www.portfolio-penguin.com.br
atendimentoaoleitor@portfolio-penguin.com.br

SUMÁRIO

PREFÁCIO
Vem ser feliz! 7

INTRODUÇÃO
Tudo bem com você? 13

1. A oportunidade de SER   19
2. Efetivo ou afetivo?   45
3. A semente da filosofia   73
4. A raiz do compartilhamento   101
5. A filosofia em ação   123
6. Na prática, o lucro é de todos   151
7. Ser feliz é melhorar todo dia   175
8. Compartilhar é o ápice da filosofia   203
9. A espiral infinita   225

POSFÁCIO
Sabedoria, coragem e ação   243

Agradecimentos   251
Referências bibliográficas e sites   253

PREFÁCIO

Vem ser feliz!

Há alguns anos, em uma de minhas palestras pelo Brasil, conheci Márcio Fernandes e fiquei impressionada com sua energia realizadora. Logo percebi que, apesar de ainda jovem, ele já tinha propósitos bastante claros, entre os quais a determinação para "fazer acontecer", transformando para melhor a própria realidade e a de todos ao seu redor. Ao longo de sua trajetória, Márcio aprendeu a romper as barreiras criadas pela força da inércia — as reais e as imaginárias — e assim se mantém fora de sua zona de conforto. Para ele, ser feliz é um processo que envolve estar em constante movimento e em melhoria contínua. A felicidade é seu maior projeto de vida e, para alcançá-la, tem plano de ação traçado, estratégias, táticas e metas muito bem definidas. Márcio não apenas sonha; constrói novas possibilidades.

Compartilhamos valores e temos propósitos semelhantes. Às vezes, a atuação dele me remete ao começo de minha carreira em Franca, no interior paulista. Quando era garota, eu abdicava das férias escolares para ir trabalhar na loja dos meus tios. Minha maior aspiração era conseguir dinheiro para dar presentes àqueles a quem queria bem; sempre quis repartir com os outros o que eu conquistava de melhor. Desde aquela época, a ideia de valorizar, servir e respeitar as pessoas para fazê-las mais felizes já estava incorporada ao meu jeito de ser. Esse aprendizado eu transmito aos meus filhos e compartilho no dia a dia de trabalho com os nossos colaboradores e clientes. Pessoas valorizadas sentem-se mais felizes, e pessoas felizes dão mais lucro. Essa é a cultura do Magazine Luiza, que, não à toa, adotou o slogan "Vem ser feliz!", como o próprio Márcio observa no capítulo 8.

Desde aquele primeiro contato, nosso relacionamento tem se estreitado, e ele já esteve por diversas vezes na sede do Magazine Luiza em São Paulo para falar aos nossos colaboradores sobre seus aprendizados e inovações como líder corporativo. Pelos pontos comuns entre a nossa cultura organizacional e os fundamentos da nova Filosofia de Gestão proposta por Márcio, suas palestras encontram terreno fértil e sempre repercutem positivamente. Portanto, por já conhecer a teoria e a prática de seu estilo de liderança, considero oportuno e de grande utilidade ver todo esse conteúdo consolidado e compartilhado neste livro — que, com muita satisfação, fui convidada a prefaciar.

Estou certa de que a leitura, além de oferecer diretrizes profissionais, pode indicar a cada um de nós o caminho mais viável para buscarmos nossa própria felicidade. Tanto para Márcio como para mim, não existe separação entre vida pessoal e profissional: somos a mesma pessoa, única e integrada, dentro e fora do trabalho. Assim, quando nos transformamos em líderes mais eficientes, nos tornamos também melhores como amigos, pais, companheiros, filhos, vizinhos, clientes, cidadãos... e vice-versa.

Nos três primeiros capítulos do livro, Márcio nos conta histórias saborosas sobre as influências que recebeu do pai, da mãe e da então namorada, que hoje é sua esposa. Com toda a humildade, ele reconhece a importância e a influência que cada uma dessas pessoas teve em sua formação e em seu atual desempenho como CEO. Do quarto ao nono capítulo, ele detalha e relata casos reais da aplicação do que denominou de nova Filosofia de Gestão, desenvolvida e implementada com a participação direta dos quase 4 mil colaboradores da Elektro — empresa por diversas vezes reconhecida, sob sua direção, como a melhor para se trabalhar, no Brasil e na América Latina.

Ao longo do livro, Márcio faz questão de esclarecer alguns pontos: 1) a Filosofia de Gestão não é mais um modelo de administração, rígido e padronizado a ser aplicado como uma receita milagrosa; 2) a Filosofia de Gestão é a tradução de um círculo virtuoso de humanização dos negócios, observado e comprovado na prática; 3) a Filosofia de Gestão é exatamente como a nossa vida: orgânica, mutante, flexível e adaptável caso a caso; e 4) apenas para facilitar a apresentação didática, o círculo virtuoso de humanização da Filosofia de Gestão está apoiado em quatro pilares: ACREDITAR, PRATICAR, MELHORAR e COMPARTILHAR.

Márcio, que se sente feliz inspirando pessoas e é um realizador eficaz, escreveu um livro justamente sobre como agir para "fazer acontecer". Com suas habilidades de comunicação, usa uma linguagem simples e leve, colocando em termos práticos conceitos de gestão complexos. Seu estilo eclético e carismático de liderança nos indica que, mesmo diante das piores circunstâncias, sempre existirão aquelas saídas mais viáveis na busca da nossa felicidade e de melhores resultados. Dar o primeiro passo da jornada é sair do estágio inercial de acomodação e assumir o protagonismo da própria vida.

Nas próximas páginas, Márcio compartilhará tudo o que aprendeu até hoje em sua trajetória de vida e, com certeza, vai lhe servir de inspiração. Mesmo enfrentando restrições e obstáculos, ele pôde ser feliz — e você também pode! Comece agora a fazer o melhor para si mesmo: acredite, pratique, melhore e compartilhe essa nova Filosofia de Gestão.

Luiza Helena Trajano
Presidente do Magazine Luiza

INTRODUÇÃO

Tudo bem com você?

> *Ninguém é sujeito da autonomia de ninguém.*
> PAULO FREIRE*

E aí, tudo bem com você?

Quando faço essa pergunta para alguém, não é só formalidade, não. É porque tenho interesse genuíno pela pessoa. Tem gente que pergunta "Oi, tudo bem?", mas nem espera a resposta. É o mesmo papo furado de quem convida "Passa lá em casa" e não dá o endereço. Em vez disso, prefiro me interessar de verdade pelos outros a fim de construir relacionamentos de credibilidade, que geram benefícios mútuos. Então, se começo esta introdução perguntando "E aí, tudo bem com você?", é porque quero lhe propor que a leitura deste livro seja uma oportunidade para um diálogo franco, uma reflexão conjunta. Estou realmente interessado em falar a respeito do que mais importa: a sua felicidade.

Para começo de conversa, independente de os negócios estarem indo bem ou mal, ou de o seu salário ser pequeno demais ou grande de menos... existem alguns outros questionamentos essenciais que eu gostaria de lhe fazer: Quando você acorda pela manhã, como se sente? Está preparado para vencer? Vê sentido e propósito no que faz? E, quando volta para casa, qual é a sensação de chegar ao final

---

* Desde 2012, com a sanção da lei nº 12 612, Paulo Freire (1921-97) tornou-se o patrono da educação brasileira. Ele valorizava bastante essa questão da autonomia, e é válido dar uma lida em seu livro *Pedagogia da autonomia* (São Paulo: Paz e Terra, 2013).

de mais um dia? É puro desânimo ou, apesar do cansaço, você se sente realizado e motivado a continuar perseverando?

Ao longo deste nosso "diálogo", vamos falar sobre gestão de negócios, administração de carreira e sobre o que pode se tornar o seu projeto de vida. Por isso, nossa conversa vai girar em torno de aspectos lógico-racionais, claro, mas também de outros mais sutis e subjetivos. O objetivo final, porém, é lucrar sempre e cada vez mais. Eu não vejo nenhum mal nisso. Para mim, o diferencial inovador está em COMO chegar à máxima lucratividade. O senso comum costuma repetir — e nos fazer acreditar — que o lucro é aquilo que nos fará mais felizes. Para muitos, mais dinheiro é igual a mais felicidade. Só que eu aprendi, na prática, que essa relação, além de não ser diretamente proporcional, está equivocada. Em primeiro lugar, é a felicidade que faz você lucrar mais, e não o contrário. A felicidade é a causa, e o lucro, o efeito. Uma pessoa feliz consegue explorar todo o potencial das situações e tirar o melhor proveito delas. Já o inverso não é sempre verdadeiro: a pessoa que mais lucra não é quem desfruta da maior felicidade. Resumindo: TER mais dinheiro nem sempre é igual a SER mais feliz.*

Portanto, se você quer conquistar um emprego que lhe renda o melhor salário possível ou se, como empreendedor, pretende ter um negócio eficiente e sustentável, seu foco prioritário deve estar na felicidade, e não no dinheiro, que será apenas a consequência. Um dos maiores aprendizados dos meus 28 anos de carreira foi que o melhor líder, antes de buscar o lucro, valoriza as pessoas — a começar por ele mesmo e por sua família. A felicidade, no entanto, não cai do céu. É preciso ter a coragem de lutar diariamente para conquistá-la, e a primeira providência é sair da inércia. Você tem de se desapegar daquelas ideias conservadoras e dos modelos antiquados. Deixe para

---

* Vale enfatizar desde já que não defendo aquele antigo ditado "O dinheiro não traz felicidade". O que afirmei — e demonstro no livro — é que existe, por exemplo, uma relação de proporção direta de causa e efeito entre o grau de felicidade das pessoas e a lucratividade de uma empresa ou do próprio profissional (remuneração, carreira ou os dois), embora a afirmação inversa não seja necessariamente verdadeira.

trás agora mesmo aquelas velhas histórias do "Manda quem pode, obedece quem tem juízo" ou "Em time que está ganhando não se mexe". Sua nova zona de conforto será a mudança constante e você vai descobrir que a felicidade está muito mais associada ao processo de melhoria contínua do que ao acúmulo e ao consumo de bens e dinheiro. ACREDITE: seguindo por este caminho, você poderá SER de fato feliz e TER mais lucro do que já imaginou.

Só por alcançar a ousadia de sair da inércia, você já começa a entrar em um círculo virtuoso: toma consciência de todo o seu potencial e assume as rédeas de sua autonomia. A única pessoa que pode decidir e fazer escolhas para a sua vida é você mesmo. Ninguém lhe *dá* autonomia, porque ela já é sua. Em compensação, nesse ponto também não existe terceirização. Mesmo que você deixe outra pessoa dirigir a sua vida, as consequências — boas e ruins — serão sempre suas.

Desde já, então, vamos deixar combinado entre nós o seguinte: a leitura deste livro deve ser um estímulo para que você se apodere e exerça sua autonomia; não tenho a pretensão de lhe apresentar um modelo a ser seguido, uma receita infalível a ser copiada, muito menos uma fórmula de sucesso garantido. Faço apenas a narrativa — bem detalhada, passo a passo — de como é possível estruturar, implementar e compartilhar o que chamo de nossa nova Filosofia de Gestão. Nos primeiros três capítulos, conto COMO tudo começou para mim aos doze anos de idade e a influência vital que algumas pessoas tiveram em minha formação e em meu atual desempenho como líder. A partir do quarto capítulo, meu relato mantém o foco nos pilares da Filosofia de Gestão: ACREDITAR, PRATICAR, MELHORAR e COMPARTILHAR, apresentando exemplos, casos práticos e histórias — algumas bem divertidas.

Por experiência própria e observando há anos a relação existente entre a felicidade e a melhoria contínua, posso assegurar que muitas vezes basta um pequeno impulso: a pessoa sai da inércia e vai lutar para ser feliz, sem nunca mais voltar para a zona de conforto. Você vai encontrar aqui muitas histórias e exemplos de pessoas reais — inclusive eu mesmo — que, apesar das dificuldades e dos obstáculos, tiveram a garra para transformar a realidade da própria vida. Meu maior objetivo é que este livro possa ser esse "impulso" para você e que lhe sirva de inspiração para ACREDITAR que toda pessoa pode SER FELIZ e mais LUCRATIVA.

CAPÍTULO **1**

A oportunidade de SER

Nada, absolutamente nada do que você vai ler nos primeiros capítulos deste livro aconteceu da forma exata como foi planejado. Como todo mundo, eu faço planos e a vida simplesmente acontece. Os fatos vão se sucedendo; parecem aleatórios. Muda-se o cenário, acrescentam-se variáveis e novas circunstâncias. Às vezes, sinto-me meio confuso. Só depois é que tudo volta a fazer sentido. Junto as peças, completo o quebra-cabeça e, então, entendo: uma imagem nítida se forma diante de mim. Aí, sim, eu vejo, racionalizo e volto a ser capaz de me orientar na direção dos meus objetivos.* Ou seja, consigo tomar consciência de como e por que aquilo se tornou realidade em minha vida. Não há nada de especial nesse aprendizado retrospectivo. E tampouco em mim: não sou especial, não sou diferente. Sou apenas alguém que tenta — e, às vezes, consegue.

Sendo bem sincero, tenho apenas algumas características marcantes — mesmo assim, bem triviais. A primeira é o desejo genuíno de ser feliz. A segunda, o prazer de observar e aprender. Posso dizer, sem medo de exagerar, que esses dois traços são o meu alicerce: no

---

* Você vai ver um bom exemplo disso lá no capítulo 3, quando minha promoção para gerente sênior — já acertada com o diretor — foi por água abaixo em menos de cinco minutos. Meu planejamento de carreira vertical foi virado de ponta-cabeça, sem que eu pudesse tomar qualquer atitude para evitar.

fundo, tudo o que sou e faço deriva dessas duas características, e me sinto feliz assim. Agora, enfim, chegamos a algo raro: a felicidade. Você se sente satisfeito e feliz com o que é e faz? Conhece quantas pessoas que se diriam felizes? Para você, parece cada vez mais complicado encontrar a felicidade? Posso lhe garantir que isso é até bem fácil, mas é preciso sair da inércia. Você não pode se conformar com a infelicidade. Ser feliz tem de ser a regra, não a exceção.

Outra das minhas características é gostar de compartilhar o que aprendo. Por isso, um dos meus objetivos passou a ser tentar inspirar outras pessoas tão comuns quanto eu a buscar a felicidade. Daí a decisão de escrever este livro. Aqui, você não encontrará histórias sobre berços de ouro, diplomas com láurea ou trajetórias sem esforço. Se você faz parte da turma que se acha genial e acredita que nasceu eleito para o sucesso, pode parar a leitura por aqui mesmo. Por outro lado, talvez você seja um daqueles adeptos ferrenhos do "obstaculismo", aquele tipo de pessoa que só vê os problemas, enquanto tropeça cegamente nas oportunidades. Nesse caso, você tem de parar agora mesmo de colocar empecilhos na frente do próprio progresso; o mundo já se encarrega disso por todos nós. A fim de vencer o "obstaculismo", é provável que você encontre neste livro alguma inspiração para mudar de atitude. E, leitor, eu aviso desde já: tenho certeza absoluta de que ser feliz é o melhor negócio. O lucro é mera consequência.

A semente da eficiência

Meu ponto de partida foi exatamente o que é hoje o de muitos meninos de classe média baixa. Pai, metalúrgico; mãe, cabeleireira; e casa própria construída em mutirão familiar — "nas folgas" dos fins de semana. Quando falo em mutirão familiar, não é retórica. Minha irmã mais velha e eu até hoje sabemos muito de construção civil: assentar tijolos, passar reboco, pintar paredes. Com esforços somados, comprávamos o terreno e levantávamos a casa. A família se reunia, listava necessidades de espaço e meu pai desenhava tudo.

Depois, arrumava na prefeitura um técnico diplomado para passar a planta a limpo e correr com a papelada para que fosse autorizada a construção. Tudo sempre muito bem documentado e com escritura definitiva no final da obra. Construímos duas casas; uma melhor do que a outra. Tudo sob a liderança do meu pai, a quem costumo chamar de "o engenheiro sem diploma".

Toda a família reunida numa festinha em estilo tradicional para comemorar meus três anos. Meus pais, minha irmã, do meu lado direito, e alguns primos e primas. Atenção para o tamanho do bolo. Depois de muito tempo, perguntei para minha mãe o motivo de ele ser tão grande. Segundo ela, era o que tinha de melhor na festa e atendia ao objetivo de servir a todos. Pelas dimensões do "bolinho", ainda tinha muita gente que não estava na foto.

Olhando retrospectivamente, consigo enxergar com clareza a contribuição do meu pai na concepção do que sou hoje. Ele foi o melhor "primeiro Líder" — sim, com maiúscula — que eu poderia ter tido. De forma simples e com muita objetividade, soube me proporcionar a chance de ser o que eu sou. Até mesmo nas vivências mais corriqueiras do meu desenvolvimento juvenil, percebo como meu pai foi decisivo na formação do adulto que sou agora. Com seu exemplo, ele fez crescer em mim o foco na efetividade. Tudo o que se faz gera efeitos — positivos ou negativos. Até a inércia tem consequências inevitáveis. Raríssimas vezes eu me lembro de ter feito uma escolha ou tomado uma decisão sem antes me perguntar os possíveis desdobramentos daquilo. "Os resultados desta ação podem me aproximar ou me afastar dos meus objetivos?"

Refletindo sobre a contribuição do meu pai na minha própria formação, acabei fazendo uma comparação com o universo corporativo: será que estamos sendo eficazes para o crescimento de nossos líderes? Entre os que já ocupam hoje posições de liderança, quantos estão em sintonia com uma filosofia que poderá nos conduzir a um futuro mais próspero e sustentável? Todos os anos, são investidos milhões em programas de desenvolvimento de gestores, *coaches*, mentores, líderes e tutores — ou o título que você prefira dar. Mas, apesar do investimento vultoso e do reconhecimento da importância do papel do líder, por que parece tão difícil para as organizações contarem com gestores capazes de formar e manter equipes de alto desempenho?

No ano de 1997, quando eu tinha 22 anos de idade. À dir., meu pai, o "engenheiro sem diploma" e meu primeiro Líder; eu estou ao centro; à esq., Bruno, um de seus aprendizes.

Quanto mais penso nessa questão, mais encontro respostas no comportamento do meu pai. Trabalho, dedicação, disciplina e credibilidade no exercício da autoridade são alguns dos valores que o tornaram meu primeiro Líder. Exatamente por causa dessa comparação que fiz entre a figura do líder-pai e a do líder-gestor é que, antes de lhe apresentar a nova Filosofia de Gestão que tenho aplicado com sucesso, decidi compartilhar com você algumas outras histórias. E faço um convite: vamos refletir e analisar juntos como foi que meu pai incutiu em mim a semente da eficiência? Nem percebi o plantio; então, não cogitei oferecer resistência. Hoje, quando colho os melhores resultados, sei o quanto devo a ele; mas sei também que meu pai encontrou terreno fértil na minha avidez para ser feliz!

Autonomia não se *dá* a ninguém

Como todo garoto da década de 1980, meu sonho era ter um video game. Eu sabia perfeitamente que vivíamos com um orçamento apertado, mas, mesmo assim, resolvi arriscar. Pedi um video game para meu pai e, como sempre, a resposta veio curta, simples e direta. Em vez de apenas dizer que não podia me dar o presente, ele abriu uma porta: "Por que você mesmo não compra um?". Sempre fui rápido para traduzir meu pai. Isso queria dizer o seguinte: quando você tiver o próprio dinheiro, terá o direito de comprar um video game para si mesmo. Ah, como eu seria feliz quando tivesse *o meu* video game! Aquela resposta foi um empurrão para eu dar o primeiro passo na direção da minha autonomia.

Desde garoto, eu sempre gostei da ideia de conquistar minhas próprias coisas, meu próprio espaço. Para isso, a partir daquele momento, eu precisava do meu próprio dinheiro. Da renda da família não sobrava nada para supérfluos. E, quando sobrava, meu pai logo destinava a algum objetivo prioritário: uma casa nova, por exemplo. Então, mobilizei energias e todo mundo ao meu redor. Eu, mesmo muito jovem, já precisava ganhar dinheiro, e o único meio que nós conhecíamos para isso era o trabalho. Um dos meus tios por parte de mãe — aliás, xará do meu pai — deu uma força e lá fui eu ser assistente na oficina mecânica do Toninho. Fiquei uns doze meses sem nem ter registro em carteira, aprendi o básico de mecânica — o que é útil até hoje na hora de fazer a manutenção do meu carro — e juntei o dinheiro para o video game. Meu pai não incentivou nem tentou me impedir. Deixou apenas que eu tomasse a iniciativa e realizasse meu desejo.

Só que eu tomei gosto: era muito bom trabalhar e poder comprar o que eu quisesse com o *meu* dinheiro. Meu pai começou, então, a incentivar a oficialização do meu emprego. Na verdade, hoje percebo que ele queria direcionar toda aquela minha energia e persistência para objetivos mais nobres do que um jogo. Disse que eu deveria trabalhar "de verdade" e ajudar um pouco em casa. Não achei má ideia e corri atrás de uma nova ocupação. Minha irmã me apresentou para o sr. Zulmiro José Furlan, na época gerente das Casas Pernambucanas. Ele me entrevistou e me contratou com carteira assinada como auxiliar de expedições (tradução: empacotador), no dia 14 de janeiro de 1988. Data inesquecível — até porque minha segunda filha nasceu no mesmo dia, muitos anos mais tarde. Em 1988, eu estava com doze anos. Foi por um triz: a Constituição promulgada em outubro daquele mesmo ano proibiu a contratação de menores de dezesseis anos — exceto na condição de aprendiz, a partir de catorze anos.

Embora meu pai tenha concluído somente o ensino fundamental, ele tem uma competência lógico-racional bastante desenvolvida. Eu sempre o via em casa, depois do trabalho, cuidando das contas do mês. O que já havia sido pago, quais contas faltavam chegar, quanto ainda restava de dinheiro e, claro, quanto poderia sobrar no fim do mês para poupar. Era rigoroso no controle dos gastos. Tem orgulho até hoje de nunca ter estourado a conta, atrasado um pagamento ou passado um cheque sem fundo. A poupança familiar tinha sempre destinos prioritários. Por isso, com a maior naturalidade, quando voltei do meu primeiro dia de trabalho, comecei a definir as *minhas* prioridades.

Foto tirada por minha mãe no dia 14 de janeiro de 1988, antes de eu sair para o meu primeiro emprego formal. O uso da gravata era obrigatório. Nessa época, mesmo já trabalhando durante o dia e passando a estudar à noite, ainda encontrava tempo para andar de bicicleta nos fins de semana — e até sofria as quedas normais de um menino arrojado, ficando com um belo machucado na boca.

Sempre atento e observador, meu pai identificou o processo mental em andamento e interveio. Não para decidir por mim, mas para me dar diretriz. E deu — com interesse genuíno, típico de um bom líder. Ele me disse que, embora a renda da família fosse pequena, eu não precisaria ajudar a manter a casa. Preferia que eu estabelecesse prioridades e que a primeira delas deveria ser "guardar dinheiro para o meu futuro". A segunda prioridade nós tiramos por consenso: minha irmã se casaria em novembro de 1990 e já havia me convidado para padrinho. Como nunca fui avesso a riscos, fiz um crediário em 24 meses na mesma loja em que trabalhava e financiei a sala de estar que dei aos noivos. Foi uma das minhas realizações. Aos quinze anos, fui padrinho e consegui contribuir para a felicidade da minha irmã. Era muito bom me sentir adulto.

Eu e minha irmã, com uma sanfona. Infelizmente não me interessei pela música, mas serviu de inspiração para meus primeiros passos em 1976, pouco antes de completar um ano.

A terceira prioridade eu não contei para ninguém. Era só *minha*: queria juntar uma quantia para aplicar em um patrimônio de que eu pudesse usufruir. Sempre gostei da vida, sempre quis curtir tudo o que há de bom. Jamais admiti ficar refém do dinheiro. Naquele momento, defini que ia economizar para investir em um carro — exatamente como hoje, esse era o sonho de consumo de muitos jovens que buscavam independência. Era meu jeito de tentar ser persistente, responsável, dedicado, ajuizado — e feliz. Todo mês, depois de pagar a prestação da sala de estar, não sobrava muito do meu salário. Dessa maneira, fui juntando o dinheiro em espécie. De novo, escapei por um triz: se tivesse aberto uma poupança, teria caído no confisco do Plano Collor.* Com o dinheiro em mãos, meu primeiro veículo foi uma Vespa verde. O problema era chegar em casa com "aquilo" e contar para os meus pais.

Com o ímpeto da minha iniciativa, eu criei um impasse: era menor de idade, e, aos dezesseis anos, não podia ter carteira de habilitação ainda, mas era dono — de fato e por direito — de uma Vespa. Com certeza, meu pai entendeu que aquela atitude era um desdobramento direto da autonomia que eu começava a construir — e que ele estimulou, por exemplo, quando me disse que eu "podia comprar meu próprio video game". Depois de um longo silêncio, diante da minha Vespa, ele apenas pontuou: "Você sabe o tamanho da responsabilidade que eu assumo por deixar você, menor de idade, dirigir esse 'bicho', não é?". Balancei a cabeça positivamente. E ele encerrou a discussão: "Confio em você". Naquele dia, minha mãe também interveio: "É muito perigoso, você não pode sair do bairro, promete?". Prometi e cumpri.

Apesar de já estar circulando pelo bairro com minha poderosa Vespa verde, continuei a economizar. A meta de comprar um carro ainda estava pendente. Quando uma pessoa aprende a gostar de viver com metas, dificilmente se satisfaz com pouco. Na mesma época do casamento da minha irmã, em 1990, eu estava pronto para dar mais um passo: apareci lá em casa com um Fusca branco 1972. Como eu nem sabia dirigir ainda, dessa vez o cunhado teve de ser meu cúmplice. Guiou o Fusca até nossa casa. Quando cheguei, outra longa rodada de negociações teve início. Minha mãe não parava de se preocupar e meu pai só quieto. Antes de tomar uma decisão final, estabeleceu que o genro deveria ao menos me ensinar a dirigir. Estava ganhando tempo. E assim foi.

Para me ensinar a dirigir, o cunhado deu as aulas mais malucas possíveis — e algumas até bem arriscadas. Logo nas primeiras li-

---

* Plano Collor: em 16 de março de 1990, um dia depois de ter assumido a presidência da República, Fernando Collor de Mello anunciou uma série de medidas econômicas para tentar deter a hiperinflação — entre elas, o congelamento de preços e salários e o confisco das poupanças.

ções, fomos ao centro da cidade, e ele me colocou na direção. Acho que nunca tremi tanto. Um dia, parou o Fusca em uma descida e me fazia parar e sair, parar e sair, parar e sair. Reclamei que aquilo era muito fácil, nós estávamos na descida. Então, ele me fez sair de marcha a ré ladeira acima. Ou seja, fiz prova de morro ao contrário. Conclusão do cunhado: "Agora que você já sabe o mais difícil, sair da ladeira de frente ficou fácil". Tive bons mentores de eficiência.

Logo depois, estava pilotando o Fusca com tranquilidade, mas minha mãe impôs uma nova condição: eu só poderia sair dirigindo se o cunhado estivesse junto no carro. Confesso que, dessa vez, não cumpri a promessa à risca. Sempre quieto, mas muito observador, meu pai só perguntava: "Está tranquilo?". Eu respondia que sim e a vida seguia em frente na mesma velocidade do meu Fusca branco. Até que bati o carro.

Não foi nada grave; só deixou meu Fusca com um para-lama e um farol avariados. Contei para meu pai e ele reagiu com mais um daqueles seus silêncios eloquentes. Nunca me repreendeu duramente nem me bateu. Meu pai nunca exerceu a autoridade com punição. No dia seguinte, ele me acordou ainda mais cedo que de costume e comunicou que íamos comprar as peças para consertar meu carro. Ele só me olhava e eu sentia o peso moral do erro que havia cometido. Estava em dívida pela confiança. Meu pai sabia dos riscos que corria ao assumir aquela responsabilidade. Mas ele também me conhecia bem e confiou em mim. Até hoje, quando dirijo, levo junto comigo o compromisso assumido diante dele.

Com essa experiência, aprendi a dar sempre o máximo para não desapontar quem confia em mim. Apesar de o aprendizado ter sido positivo, nada disso muda o fato de que é ilegal um menor de idade dirigir. Portanto, não estou aqui incentivando ninguém a deixar um menor guiar sem carteira de habilitação. Mas será que não é possível encontrar outras formas simples para cultivar uma relação de confiabilidade e desenvolver o senso de responsabilidade em nossos filhos? Será que o melhor é ficar perguntando se o(a) garoto(a) já estudou, já fez a lição de casa, já escovou os dentes, já tomou banho, já se alimentou, já pegou a chave de casa? Se aprendeu a dirigir? Se faz sexo seguro? Com quem? Será que o melhor gestor é aquele que microgerencia a rotina dos colaboradores?* Já preparou o relatório, já retornou a ligação, já reservou a sala, já marcou a reunião, já chegou, já vai embora? Com certeza meu pai errou ao me deixar dirigir sem carteira de habilitação, mas certamente acertou ao estimular minha autonomia.

Na relação entre gestor e colaborador, essa questão da autonomia é crítica. Estagiários, trainees e até mesmo profissionais formados já com alguma experiência mostram-se às vezes muito dependentes do líder — o que o sobrecarrega, pois além de cuidar de si mesmo, tem de pajear a equipe. Não é o mesmo papel que a maioria de nós acaba assumindo em relação aos filhos? E qual pai ou mãe desse tipo que não se sente de vez em quando como Atlas, o titã da mitologia grega que carregava o mundo nas costas? Até a postura corporal de algumas pessoas muda. Quando vejo alguém com os ombros encurvados, logo penso na Síndrome de Atlas. Lá vai ele com os filhos e os colaboradores dependurados nas costas. Não seria melhor tentar apenas facilitar a felicidade deles? Agir como um líder facilitador?

Certa vez, um de meus chefes e sua equipe — na qual eu me incluía — estavam participando de uma dinâmica sobre liderança. Em determinado momento, pediram que cada um falasse em voz alta os principais atributos do nosso gestor — positivos e negativos. Um dos meus colegas o elogiou bastante e arrematou com o comentário: "Fulano é ótimo. Para mim, o único problema é que ele não nos *dá* muita autonomia". O que há de errado nessa frase? Em sua opinião, autonomia é algo que alguém pode conceder ao outro?

A própria acepção da palavra responde a essa questão. Apoderado da autonomia, você se autonomeia governador da própria vida. Está lá no dicionário: "*Autonomia*: 1. Faculdade de se governar por si mesmo;

---

* Definitivamente, deixei de usar a palavra "funcionário" para me referir a quem trabalha comigo. Devíamos chamar somente as máquinas e os equipamentos de funcionários, porque são de fato coisas que *funcionam*. No meu time, todo mundo colabora. Portanto, cada pessoa é um colaborador. De fato, o que eu espero de cada um vai muito além do funcionamento ou da simples obrigação cumprida em troca do salário recebido todo mês.

2. Direito ou faculdade de se reger [...] por leis próprias; e 3. Liberdade ou independência moral ou intelectual". A autonomia, portanto, é um atributo que desenvolvemos em nós mesmos e para nós mesmos. O que o líder pode fazer é estimular esse processo. Exatamente como meu pai fez comigo, sendo capaz até de correr riscos calculados.

É bom ter autonomia? Em minha opinião, dá trabalho, mas é ótimo! E gosto também de lidar com pessoas que têm autonomia: cada um sabe o que deve fazer para obter os melhores resultados. E, quando ainda não sabe, pergunta a fim de aprender. Ter autonomia dá trabalho porque requer muita proatividade: você não pode ficar esperando que seu pai, sua mãe, seu irmão mais velho, seu chefe, seu amigo ou qualquer pessoa lhe diga o que precisa ser feito. Tem de se desdobrar para analisar cada situação, avaliar as possibilidades de ação, fazer escolhas, tomar decisões e agir — sem ninguém mandar, sem ninguém pedir. O indivíduo com autonomia desenvolvida obedece às próprias diretrizes, que são determinadas por ele mesmo de acordo com as circunstâncias de cada momento. Em resumo: é protagonista de sua vida e avança na direção dos próprios sonhos.

Ter autonomia, além de dar trabalho, cansa. Em compensação, a cada vitória e a cada conquista, você terá certeza dos próprios méritos. E nas derrotas, como consolo, pelo menos não vai pagar pelos desacertos de ninguém — a não ser os seus próprios. Quando um erro acontece — e acontece para todo mundo, sem exceção —, chega a doer, mas é sempre um excelente aprendizado. Como você paga o preço pela própria falha, não deixa o mesmo equívoco se repetir nunca mais. Então, quando erro, assumo as consequências negativas e penso: "Desse erro eu me livrei".

O gestor que pretende estimular o desenvolvimento da autonomia em seu time tem de aprender a delegar. O que não quer dizer passar a responsabilidade para o outro e só reagir quando um problema estourar. Ou só aparecer na hora de assumir o crédito, quando o colaborador conclui um projeto muito bem-sucedido. Delegar tem um significado bem mais amplo. A delegação é um ciclo que envolve as seguintes etapas: passar uma atribuição ao outro; dar diretrizes; abrir espaço para a criatividade e a inovação; capacitar e ajustar rumos, quando necessário; correr riscos calculados; avaliar os resultados alcançados; e dar crédito pelos méritos. Observe como, em sua simplicidade, meu pai foi capaz de estabelecer esse processo completo de delegação ao se relacionar comigo no dia a dia. Ele soube me ensinar isso antes mesmo de eu ter um livro de administração nas mãos. Quando fui aprender a teoria, percebi que já sabia a prática.

Atualmente, como gestor, procuro ter com meu time um relacionamento de confiança e autonomia, como meu pai sempre teve comigo. Ninguém tem medo da minha autoridade, nem quando algum erro é cometido. Ninguém esconde as falhas debaixo do tapete. Quando alguém erra e imagina que vai ser punido, buscamos juntos, em vez disso, uma solução. Assim, em lugar de causar uma cicatriz dolorosa, consigo deixar uma marca positiva naquela pessoa. É como a marca deixada por uma vacina. É preventiva, porque evita que o mesmo erro volte a acontecer. Isso é resultado do interesse genuíno pelo outro.

Quando delego uma atribuição, tenho consciência de estar correndo um risco calculado. Mas a confiança e o respeito são recíprocos. Prefiro que, diante de uma solicitação feita por mim, o colaborador pense assim: "Vou fazer o melhor que posso para ele, porque confio que ele também sempre faz por mim o melhor que pode". Esse pacto silencioso de confiança constrói uma relação duradoura com cada pessoa e torna todos muito mais eficientes — e FELIZES.

Planejar é ver o fim desde o começo

Mais com atitudes do que com palavras, meu pai me treinava para a vida muito antes da minha entrada formal no mercado de trabalho. Em sua juventude, ele trabalhou como lavrador até que decidiu se mudar para Campinas, no interior de São Paulo. Queria dar uma vida melhor para a família e conseguiu emprego como metalúrgico, primeiro na Bendix e depois na Wabco, trabalhando com sistemas de freio nas duas empresas. Quando eu estava com uns dez anos, ele me contou como conseguiu dar esse salto profissional bem-sucedido: "Nunca espere um pedido. Quando a gente tem de pedir é porque a pessoa não está com vontade de fazer. Antecipe-se, faça antes". Via meu pai se antecipando também às necessidades da família, e eu imitava aquele comportamento — com bons resultados.

Aquele mesmo tio xará do meu pai, com quem sempre convivi bastante, tinha uma serralheria. Especialmente nas férias, eu passava as tardes com ele como "ajudante". Claro, enquanto ele soldava as estruturas galvanizadas, eu jogava futebol com meus primos. Mas não perdia de vista o trabalho. Quando o eletrodo da solda estava acabando, antes de meu tio pedir, eu já corria para lhe entregar um novo. Quando a etapa de soldagem terminava, eu já corria a fim de lhe passar a lixadeira para dar o acabamento. Minhas tardes eram entre as brincadeiras e o trabalho. Como recompensa, além da gorjeta boa, o tio elogiava: "Você é diferente, você se antecipa". Reforço positivo para o ensinamento do meu pai. Assim, todo mundo ficava feliz e meu lucro aumentava.

Muitos anos depois, quando eu já ocupava uma posição de gerente, fui fazer um workshop com um consultor chamado Salazar e ele disse uma frase que repercutiu fundo em mim: "Você tem de desenvolver a capacidade de enxergar o fim desde o começo". Pronto! Somei os dois aprendizados e descobri como planejar melhor minha vida. Em cada projeto, eu sempre vejo primeiro aonde quero chegar. Idealizo o objetivo e faço o plano de trás para a frente. Isso é apenas raciocinar e agir por antecipação, como eu já sabia fazer desde menino. Hoje, adoro planejar e já traço, inclusive, os planos de contingência — para mim e para os outros.

Muitas pessoas, por exemplo, vêm conversar comigo sobre desenvolvimento profissional. A primeira pergunta que faço é: "Já planejou sua carreira?". E, em geral, a resposta que ouço é: "Minha empresa não oferece plano de carreira". Oferecendo ou não; cada um tem autonomia, correto? Por isso, eu repito a pergunta, "Já planejou sua carreira?", e insisto: "Você se dedica ao planejamento da sua vida?". Aliás, neste ponto, preciso abrir um parêntese. Há muitos anos não assumo mais aquela tradicional separação entre vida pessoal e vida profissional. Você só tem uma vida — única e integrada em todos os aspectos. O que a gente é, continua a ser dentro e fora da empresa. O que a gente é, continua a ser dentro e fora de casa e da família. Portanto, planejar a carreira é planejar a vida e vice-versa.

Voltando, então, ao planejamento da sua vida, o primeiro passo é definir aonde você quer chegar, isto é, o objetivo. Para esse questionamento, a resposta que ouço costuma ser: "Quero ser chefe, gerente, diretor". Não, não funciona assim. O que lhe faz feliz? Primeiro, você responde a essa pergunta e traça cinco planos com o mesmo objetivo. Em seguida, monta um diagrama de perguntas e respostas[*] e repete: Por quê? Por quê? Por quê? Por quê?, até chegar à resposta do que é felicidade, de fato, para você.

Quando voltar a pensar nos cinco planos, é provável que três já sejam descartados de cara, simplesmente porque não seguem na direção da sua felicidade. Só pretendiam satisfazer o ego. Por exemplo: em um dos planos descartados, a pessoa queria ser gerente por causa do status e/ ou do dinheiro. Acabou chegando à conclusão, porém, de que não é disso que precisa para ser feliz. Na verdade, gostaria mesmo de continuar trabalhando na área técnica. E se o técnico ganhar tanto quanto um gerente? E se o técnico conseguir se tornar uma referência nacional em sua área? Para traçar um bom plano de carreira (que hoje em dia chamamos de PDI — Plano de Desenvolvimento Individual),[**] você tem de saber o que quer e tem de gostar do que faz. A trajetória vai exigir esforço, disciplina, dedicação e persistência. Mas, como consequência natural, você vai ser feliz e, assim, vai crescer profissionalmente e ganhar mais.

Eu também aplico esse aprendizado na gestão da empresa. É meu jeito de construir trilhas para realizar objetivos. Nosso planejamento é rigoroso, tem uma consistência e um detalhamento que tornam

---

[*] Como sugestão, você pode usar o diagrama de Ishikawa (ou espinha de peixe), criado pelo engenheiro Kaoru Ishikawa em 1943, que permite estruturar os problemas de forma gráfica e sintética.

[**] Para fazer o seu PDI, vai ser muito útil contar também com um Termômetro de Decisão, que está explicado no capítulo 3.

tudo factível. É meu padrão: eu não trabalho para não cumprir as metas; já coloco a superação como o objetivo final de cada projeto. As metas foram feitas para ser superadas. Isso é o meu combustível. Com disciplina, dedicação e trabalho, a eficiência acontece. Ser eficiente, porém, não significa atingir e conseguir superar as metas sempre. Claro, como todo mundo, tive de aprender a lidar também com as frustrações. Mas essa é uma contribuição da minha mãe, de quem vamos falar no capítulo 2.

Divergências não precisam deixar sequelas

Se eu comparar o funcionamento da minha família com a estrutura decisória de uma empresa, meu pai, com sua visão macroestratégica, seria o presidente do conselho de administração; minha mãe, agindo como uma CEO,* teria a responsabilidade de propor novos projetos e zelar pela operação do negócio. Enquanto isso, minha irmã seria a diretora de operações, dando apoio irrestrito à minha mãe na concretização das propostas. Eu, por minha vez, seria aquele jovem talento que aparece no radar, trazendo e colocando em prática no universo doméstico os conceitos do repertório corporativo — apesar de ainda meio indeciso e sem uma área de atuação bem delimitada.

Lembro-me de que nossas conversas a quatro eram quase sempre na sala com a televisão ligada; nada planejado ou estruturado. Hoje, como pai, aprendi em livros sobre educação e psicologia que a interação familiar pode ser muito mais agradável e proveitosa sem apelos diversionistas como a televisão. Mas, como filho, tenho de admitir que nossas reuniões — apesar da TV ligada — funcionavam. Quando minha mãe apresentava uma nova ideia, a primeira reação do meu pai não costumava ser de entusiasmo. Ele já sabia que tudo que vinha da CEO envolvia investimento de tempo e dinheiro. Este é o perfil dele: sistemático, metódico, conservador, definitivo. Por

---

* CEO: *chief executive officer*, o presidente executivo da empresa.

exemplo, depois que construía uma casa, ele detestava quando minha mãe inventava projetos de reforma. Ela lançava a ideia e ele continuava a ver televisão como se nem tivesse ouvido. Silêncio. Já eu, afoito e ansioso, pegava a palavra no ar e fazia meu discurso, conciliando a inovação da minha mãe e o conservadorismo do meu pai. Na verdade, ajo assim até hoje.

Foi por causa desse meu treinamento vitalício em negociações que, além de construir as casas, meu pai acabou aceitando fazer incontáveis pequenas reformas nos imóveis em que moramos. Em dado momento, parecia até que ele já estava habituado a me dar espaço e liberdade para liderar o processo decisório. Eram pequenos estímulos, mas bastavam. Nossa CEO fazia uma nova proposta e ele não falava nada. Só movia os olhos na minha direção, incentivando-me a intervir. E eu aproveitava a oportunidade.

Também foi por causa dessa habilidade de negociação, bastante estimulada por meu pai, que desenvolvi a capacidade de divergir sem brigar. Lá em casa, a democracia sempre funcionou, e as decisões eram tomadas com a conciliação das diferenças. De início, no trabalho, imaginei que também seria possível buscar sempre o consenso entre as partes, como acontecia na minha família. Logo, porém, a prática tratou de me comprovar que, nas organizações, o excesso de democracia pode levar à paralisia: é preciso construir argumentos para embasar a decisão e executá-la. O empreendimento precisa crescer, evoluir, inovar; não pode ficar indefinidamente à espera da construção do consenso absoluto e definitivo.

Isso não significa, entretanto, que as divergências não devam ser bem recebidas. Ao contrário. Os diversos pontos de vista são essenciais para enriquecer qualquer projeto. Então, hoje, à frente da gestão da empresa, eu não busco o consenso. Em vez disso, estimulo as discussões entre os profissionais, especialmente entre aqueles que partem de perspectivas diferentes. Por exemplo: em um projeto, um diretor traz a visão do cliente final, enquanto outro aborda o assunto pelas necessidades críticas da área técnica. Não quero que nenhum dos dois ganhe a discussão. Quero que ambos contribuam para que o projeto, por fim, seja executado, atendendo ao imprescindível das duas abordagens. O melhor para o cliente final e o melhor para a área técnica. Isso não é consenso. É a melhor decisão, que será executada de forma amigável.

Nem sempre o processo decisório é assim tão simples e direto. Podem existir dois tipos de divergência: as consistentes e as políticas. As primeiras são aquelas que resultam das diferentes perspectivas do negócio, como já exemplifiquei. As divergências consistentes podem gerar discussões acaloradas e bastante acirradas. Mas, em geral, não provocam nenhum mal-estar residual. Encerrados a reunião e o debate, todos vão almoçar juntos e em paz. No dia seguinte, estão todos novamente trabalhando como um time. Já as divergências políticas costumam deixar sequelas — e isso eu não admito. Além de não enriquecer a proposta em discussão, essa atitude de "a minha turma contra a sua turma" é prejudicial para o ambiente — seja organizacional, seja familiar.

Foi meu pai quem serviu de estímulo para que eu aprendesse a distinguir as pessoas e os valores que praticam. Como era de pouquíssimas palavras, logo aprendi a "ler" o que ele não falava: o rosto, os olhos, o jeito de se mexer na cadeira. Aos poucos, com muita prática e estudo, aperfeiçoei essa habilidade e me tornei capaz de ler também as pessoas e os ambientes. É claro que não sou adivinho. Mas, com boa margem de segurança, posso avaliar os indivíduos e as circunstâncias já durante uma primeira reunião. Para mim, essa é uma competência primordial, especialmente em negociações e discussões com divergência de ideias. Os colaboradores que trabalham comigo não têm dúvida do lado em que irei me posicionar: sempre apoio quem diverge com consistência em favor dos resultados do projeto, e não em defesa do próprio ego.

A inércia é injustificável

Às vezes, quando sou convidado a dar palestras e relato algumas dessas histórias, é comum depois alguém afirmar: "Você tem sorte por ter uma família assim". E eu respondo: "Não é só sorte, não". Sei que tenho o privilégio de ter tido em casa pais amorosos, atenciosos e dispostos a me entregar o melhor deles. Mas é preciso reconhecer também que eu soube aproveitar tudo o que me ofereceram. Sempre dou o máximo de mim. Por isso, tenho certeza de que, qualquer que seja a sua circunstância, você também pode encontrar com quem aprender um pouco mais sobre a vida. Mas é preciso querer, romper a inércia.

Infelizmente, o que tenho visto muito são jovens que, apesar de partirem de uma situação econômica e familiar até bem melhor do que a minha, não conseguem encontrar o próprio caminho. É que se você não souber captar o aprendizado disponível e canalizar as energias de forma positiva para seus objetivos, os melhores pais do mundo podem não ajudar muito ou até atrapalhar. Crie espaço para que as pessoas que têm interesse genuíno por você possam fazer a diferença em sua vida — pais, avós, irmãos, amigos, vizinhos ou até mesmo os líderes da empresa onde você trabalha.

Para romper a própria inércia, um dia você vai ter de se perguntar: "Qual aprendizado posso tirar do estilo dos meus pais ou do meu líder? O que quero para minha vida e quais aprendizados serviram para eu saber o que não quero?". Mesmo que não tenha essas referências familiares, como é que você pode, na convivência com as pessoas, filtrar o que é favorável ao seu desenvolvimento? Por mais simples que alguém possa ser, ele sempre poderá lhe ensinar a viver, sonhar e, especialmente, lutar. No meu caso, aprendi com meus pais, mas poderia ter sido com qualquer outra pessoa. Em outras palavras, o que estou dizendo é que ninguém deve usar como justificativa para a própria inércia o fato de não contar com uma família parecida com a minha. Ou com aquela idealizada pelos próprios sonhos. Vá em busca daquilo que você quer e lute para ser feliz!

Quando era criança, por exemplo, lá em casa ninguém tinha escolaridade para corrigir meu jeito de falar e escrever. Para meus pais, eu estava na escola, então já devia ser o suficiente. Não é, não. A criança tem de conviver com pessoas que falam de maneira correta e se preocupam em se expressar bem. Só que ninguém ensina o que não sabe. Por isso, logo descobri que não precisava aprender tudo necessariamente com os meus próprios pais. Existem muitas outras pessoas com quem convivemos e com quem podemos aprender muito. Mesmo não sendo da família.

Quando eu era menino, por exemplo, adorava "visitar" a casa de uns vizinhos por dois bons motivos. Primeiro, porque eles tinham videocassete e passavam desenhos da Disney para as crianças. E, segundo, porque a mãe deles parecia uma professora de português e se expressava muito bem. Além disso, quando algum de nós falava errado, ela corrigia com jeito e pedagogia. Eu achava que aquele era um carinho que minha família não me dava. Mas o que importa é que aprendi muito com eles. Foi com a nossa vizinha que aprendi que "Mim é um índio que não conjuga verbo", e nunca mais falei "para mim fazer". Aquelas "aulas" de português deram certo: na minha primeira entrevista de emprego, lembro que o sr. Furlan elogiou a minha maneira de falar.

Trabalhar mantém a alma viva

Aos 69 anos, meu pai ainda tem nos fundos da casa dele uma oficina especializada na reforma de peças e sistemas de freio. Ali, ele faz o reparo dos equipamentos de frenagem mais modernos, com o conhecimento acumulado de quem trabalhou na área por mais de trinta anos. Mesmo conhecendo-o profundamente, ainda fico impressionado com sua capacidade para liderar projetos — e sem ter nenhum diploma técnico. Ele criou um aparelho, parecido com um estetoscópio, que identifica com precisão em que ponto está a falha do sistema de freio. Como depois de fazer o reparo seria arriscado colocar uma carreta na estrada sem testar, ele tem também uma plataforma onde o equipamento é submetido ao estresse do uso. Meu pai passa o dia envolvido em consertos e testes e fala para quem quiser ouvir: "Só paro de trabalhar quando fechar os olhos". A questão não é mais se ele precisa do dinheiro para sustentar a família. Agora ele pode trabalhar por puro prazer, apenas porque gosta do que sabe fazer.

Por isso, também aprendi com ele que ninguém deve se aposentar. Claro, isso não significa abrir mão da contribuição e dos direitos previdenciários. Estou falando no sentido de nunca parar de aprender, criar, realizar e de se sentir útil. De vez em quando, parece até que quem gosta de trabalhar duro tem menos valor. É quase como se fosse chique dedicar-se ao ócio, viver de renda e não da própria capacidade produtiva. Não sou contra o ócio criativo proposto por De Masi.* Estou me referindo àquele ócio que rapidamente vira tédio. Talvez seja mais correto chamar de inércia. Outro dia, lendo um livro,** encontrei um trecho muito bom para definir isso. O pai, médico, conversava com o filho e disse uma frase que ficou na minha memória mais ou menos assim: "O corpo e a alma não morrem juntos. Em algumas pessoas a alma morre muito antes do corpo". O trabalho criativo, realizador e prazeroso mantém a alma viva.

Sempre valorizei e respeitei a contribuição que meu pai foi capaz de dar para a minha formação. Ainda muito mais agora, como adulto e pai de três filhos pequenos. Uma das perguntas que constantemente me faço é se serei um líder tão eficiente para eles quanto meu pai foi — e continua sendo — para mim. Às vezes, vejo a mim mesmo nos meus filhos e me pego pensando: será que serei sábio a ponto de estimular a autonomia deles como meu pai fez comigo? Ou será que vou preferir mantê-los debaixo das minhas asas ou dependurados nas minhas costas, alegando que isso é amor? Ou meu orgulho e insegurança acabarão por vencer e me farão tentar refrear os impulsos de independência e autonomia dos meus filhos ou dos meus colaboradores? Essas dúvidas, porém, não me imobilizam.

---

* Referência ao livro *O ócio criativo*, do sociólogo italiano Domenico De Masi (Rio de Janeiro: Sextante, 2000).
** Referência ao livro *A ausência que seremos*, do escritor colombiano Héctor Abad (São Paulo: Companhia das Letras, 2011, p. 103). Fiz a citação de memória, depois fui verificar na obra e a frase original é a seguinte: "A alma, como disse um filósofo, não apenas não é imortal, como é muito mais mortal que o corpo". Deixei-a no texto como ficou registrada em minha memória para mostrar como "recortamos" o que estamos dispostos a aprender — de todas as pessoas e até dos livros.

Sigo em frente com sinceridade de propósito e confiança no meu discernimento. É o melhor que posso fazer — e isso me tranquiliza.

Direto ao ponto

- Tenho absoluta convicção de que ser feliz é o melhor negócio que você pode fazer na vida. Quem está satisfeito com o que é e faz cresce profissionalmente e consegue ganhar mais. O lucro é consequência da sua felicidade.

- Aproveite para aprender tudo o que puder com quem tem interesse genuíno por você — pai, mãe, tio, avô, avó, irmão, amigo, vizinho, tanto faz. O importante é o que você aprende e usa para o próprio desenvolvimento.

- Se você quer que seu time tenha determinada atitude, seja sempre o primeiro a dar o exemplo. Não adianta cobrar sem antes oferecer o modelo.

- Ninguém *dá* autonomia a ninguém. Você é o governador da sua própria vida. Um bom líder pode apenas estimular o desenvolvimento da sua autonomia, como meu pai soube fazer comigo e eu tento fazer com meus filhos e com meu time.

- Ter autonomia é ser protagonista da sua vida e avançar na direção dos seus próprios sonhos.

- Planejar é se antecipar aos fatos. É ver o fim desde o começo. Defina primeiro onde quer chegar e depois trace a trajetória de trás para a frente, etapa por etapa. Esse é o melhor jeito que eu conheço para viabilizar e superar metas.

- Agindo com autonomia, a cada vitória você terá certeza dos próprios méritos; a cada frustração, pelo menos, vai saber que estará pagando pelos próprios erros.

- Aprender a delegar é uma forma de o líder estimular o desenvolvimento da autonomia nas pessoas de sua equipe.

- A delegação é um ciclo que envolve passar uma atribuição ao outro; dar diretrizes; abrir espaço para a criatividade e a inovação; capacitar e ajustar rumos, quando necessário; correr riscos calculados; avaliar os resultados alcançados e dar crédito pelos méritos.

- Não chamo ninguém de funcionário, porque o que "funciona" é máquina. Quem trabalha comigo dá sua contribuição diária para o próprio sucesso e para o negócio. Por isso, chamo de colaborador e espero bem mais do que a simples retribuição pelo salário recebido a cada mês. Os resultados mútuos são incríveis!

- Se você quer ser feliz, o primeiro passo é romper a própria inércia. Pare de dizer que os outros são os responsáveis pelo que acontece em sua jornada. Você tem sua autonomia e toda a responsabilidade pela própria vida.

- Abandone de uma vez por todas a fé no "obstaculismo". Nada é obstáculo de verdade quando você sabe o que quer e gosta do que faz. Posso garantir: feliz, você vai lucrar muito mais.

- Não faça mais aquela tradicional separação entre vida pessoal e vida profissional. Você é o que é dentro e fora do trabalho. Por isso, para vencer, goste de quem é e do que faz e seja feliz. Trabalhar mantém a alma viva.

- As divergências dão contribuições importantes aos projetos. As negociações que não deixam sequelas são as que conciliam as necessidades dos conservadores e as propostas dos inovadores.

CAPÍTULO 2

Efetivo ou afetivo?

Com meu pai, aprendi a buscar a efetividade: tudo que sonho, planejo e executo tem metas claras (de preferência, para ser superadas). Tenho consciência de que boa parte do que sou se deve ao desenvolvimento dessas competências lógico-racionais, que aprendi com meu primeiro Líder. É uma dimensão fundamental, não há dúvida: os resultados alcançados nas empresas em que já trabalhei são prova disso. Mesmo assim, de vez em quando, me pergunto: "Mas se essa fosse minha única influência, que tipo de líder eu seria hoje?". Quer apostar que você conhece alguém muito parecido com o que vou descrever?

O líder é quase uma máquina de trabalhar, e os outros, que deveriam formar seu time, são apenas peças da engrenagem. Quando inicia o expediente, esse gestor deixa em casa seu lado humano — se é que isso ainda existe. Ele trabalha demais, entrega demais, sofre demais e acha tudo muito normal. Não erra, ou, pelo menos, não deixa ninguém perceber quando isso acontece. Não fracassa e não cansa nunca. Por fora, jamais admite a vontade de descansar — nem de vez em quando. Mas, por dentro, a resiliência a frustrações é baixa. Quando alguma coisa não corre como gostaria, sai à caça do responsável, que, claro, nunca é ele próprio. Quando encontra um culpado, executa a punição em praça pública para dar o exemplo. Tem sempre 100% de razão e está 200% convicto disso. É bem raro ele fazer elogios aos outros. Quando faz, são tão tímidos, discretos ou até ríspidos que é até preciso avisar: "Isso foi um elogio, viu?!".

Há culturas organizacionais que valorizam profissionais com esse perfil. Pela minha experiência, esse tipo de líder até alcança resultados. Mas o nível de estresse da equipe e dele próprio é crescente, e, no longo prazo, o desempenho geral acaba bem abaixo do potencial. Ele tem muita dificuldade para construir relacionamentos. Em vez de compartilhar, prefere sugar a energia das pessoas. É como se todos estivessem ali para servir aos interesses individuais dele, e não aos da organização. No final de cada dia, em vez da satisfação pelo trabalho realizado, todos voltam para casa esgotados e sempre mais tarde do que o aceitável. A meta diária é apenas a sobrevivência, e não a felicidade.

Na verdade, líderes com esse perfil têm as competências lógico-racionais bastante desenvolvidas e a inteligência emocional atrofiada. Em alguns casos, essa condição o paralisa e se cristaliza, moldando seu estilo de vida no trabalho e — o que é mais triste ainda — em casa com a família. Não dá para negar: é difícil conviver e colaborar com um líder que, embora possa até estar bem-intencionado, tem atitudes de prepotência, individualismo e arrogância.

Quando faço essas reflexões, vejo com clareza que corri o risco de me tornar um líder assim. Minha inteligência emocional poderia não ter se desenvolvido; bastava eu não ter sido permeável a outras influências. Normalmente, a pessoa é condicionada a usar apenas uma de suas dimensões. Ou seja, se tende a ser mais racional, aprofunda-se na razão e não mergulha na emoção — ou vice-versa. Prefiro acreditar que é, de fato, possível construir um estilo no qual a razão e a emoção possam conviver em harmonia. Mesmo que nenhuma faculdade de engenharia do mundo dê aulas de psicologia ou que as de sociologia não ensinem cálculo, cada um de nós pode buscar dentro de si esse equilíbrio.

Felizmente, posso dizer que acabei me tornando um líder até que bem eclético. Identifico dentro de mim um pouco das muitas pessoas com quem convivo. Essa foi minha "grande sorte" — ou talvez minha salvação. Ao longo de nosso desenvolvimento, recebemos três grandes contribuições gratuitas. A primeira é a genética, aquele conjunto de características físicas e mentais que herdamos dos nossos antepassados. A segunda é da nossa família mais próxima ou daqueles que nos criam. E a terceira é dada pelas pessoas que formam nossa rede social.*

Sobre a primeira e a segunda, não temos controle. Por isso, se as contribuições forem positivas, devemos estar abertos para aproveitá-las; se forem negativas, devemos estar dispostos a superar — ou contornar — os obstáculos. Sugiro que, diante das negativas, você levante a cabeça e não perca tempo tentando entender por que, justo com você, a vida foi tão dura. Não caia no "obstaculismo" porque um terço ou dois terços das contribuições gratuitas que recebeu não funcionaram! Em vez disso, dobre seu investimento para maximizar as contribuições positivas dadas pelas pessoas que formam sua rede social. Isso sim está sob seu total controle!

Faça suas opções e filtre com quem vai abrir o coração. É preciso ser permeável e se manter aberto. Por outro lado, seja esperto: cuidado com pessoas que se aproximam por interesses momentâneos. De início, seja moderado e a vida irá lhe mostrando o caminho. Já disse e ainda vou repetir muitas vezes neste livro: toda pessoa que demonstrar interesse genuíno por você será uma ótima fonte de aprendizado. Não deixe que a timidez ou o preconceito ergam barreiras entre você e os outros.

Todo mundo pode agregar valor à sua vida — até mesmo quem vai servir só para mostrar "como você não quer ser". Ao longo da minha trajetória profissional, convivi com muitos líderes. Dois deles, no entanto, foram exemplo do que eu não gostaria de me tornar. Um era brilhante, mas faleceu bem jovem de ataque cardíaco. Por infelicida-

---

* Não confunda o conceito de rede social com o de mídia social. Segundo Renato Fonseca de Andrade, em seu livro *Conexões empreendedoras* (São Paulo: Gente, 2010): "As redes sociais existem e se formam desde o momento em que as pessoas começaram a se organizar socialmente para assegurar a sobrevivência dos grupos. [...] Existe a tendência de considerar as redes sociais um fenômeno do século XXI. Isso é resultado de uma confusão entre o conceito de rede social e a tecnologia criada para facilitar e agilizar a interação entre as pessoas na web".

de, sua dedicação excessiva ao trabalho não era a mesma que ele tinha em relação à própria saúde. Hoje em dia, este ainda é um equívoco comum: o líder cuida do negócio, mas não cuida de si mesmo. Não encontra tempo na agenda nem para preservar a saúde. O outro tinha aquele perfil autocrático que já descrevi. Era talentoso, tinha uma inteligência muito à frente do seu tempo e inovava na gestão da empresa. Só não conseguia agir pelo NÓS; tudo era EU. Sozinho e isolado dos anseios coletivos, ele deixou de receber o melhor dos seus colaboradores. Tudo ficou abaixo do potencial — infelizmente, até seu sucesso.

Eu me orgulho das muitas pessoas que deram sua contribuição para o meu desenvolvimento. Já falei sobre algumas delas e ainda vou contar o que aprendi com muitas outras ao longo deste livro. Mas, no caso específico da inteligência emocional e de toda a minha facilidade para me relacionar, gostaria de falar da contribuição da minha mãe. Se meu pai foi o exemplo para eu desenvolver minha efetividade, minha mãe modelou minha afetividade. Hoje, como gestor, percebo que estou sempre buscando o equilíbrio entre essas duas dimensões: efetividade e afetividade.

Em vez de me tornar prepotente e arrogante, decidi conscientemente tentar exercer a liderança com autonomia e autoconfiança. Para mim, isso significa me relacionar olho no olho com os outros — mantendo o alto nível de exigência, é claro, mas com todo o respeito e de forma humanizada. Antes de visar somente à lucratividade do negócio, desejo servir de inspiração para as pessoas: quero que acreditem nelas mesmas; todos nós podemos sonhar e realizar. Para mim, a meta é que cada colaborador vivencie a felicidade na totalidade de seus aspectos, inclusive financeiros. O lucro da empresa é mera consequência.

Diálogo aberto e muita disciplina

Ao contrário do meu pai, minha mãe é a personificação do diálogo. Ela sente prazer em interagir. Tem um talento intuitivo para conhecer pessoas, construir e consolidar relacionamentos. Ou seja, para ela não há nada mais natural do que se aproximar dos outros, gerar credibilidade recíproca e estabelecer uma relação de confiança. Até hoje não conheci ninguém melhor do que ela nisso. Quando eu era criança, uma das regras maternas era a seguinte: em qualquer lugar que eu chegava, tinha de cumprimentar todo mundo, apertando a mão de um por um. Para minha mãe, a explicação era muito simples: "Meu filho, não seja caipira.* Quando a gente chega, tem de ser educado. Você mostra respeito e os outros se interessam por você". Quando alguém me elogiava, dava para ver o orgulho no rosto dela. Às vezes, espertamente, eu caprichava no comportamento só para ganhar uns créditos extras.

Em compensação, diálogo aberto para ela também significava dar disciplina. Mesmo assim, para dizer o mínimo, fui uma criança "bem ativa". Raros foram os dias em que minha mãe não teve de exercer sua autoridade. Primeiro, a expressão do rosto mudava. Depois, dava uns dois avisos claros de que eu já estava no cartão amarelo. Sua resposta aos estímulos externos sempre foi imediata e transparente. Hoje, acho mais fácil "ler" minha mãe do que decifrar os silêncios do meu pai. Só que eu não sabia disso ainda. Então, como toda criança, testava os limites e insistia no erro. O cartão vermelho chegava sem mais avisos prévios: minha mãe me dava um discreto — e muito assertivo — apertão de orelha. Na verdade, a força do apertão devia ser média, porque não me lembro nem de chorar: doía mais no amor-próprio.**

Quando alguém ia nos visitar lá em casa, e até hoje não consigo entender bem o porquê, eu me transformava — para pior, acho que queria mostrar que eu era "o cara". Antes de as pessoas chegarem, minha mãe, a CEO da casa, alinhava o jogo, combinava a estratégia:

---

* Minha mãe estava se referindo, na verdade, àquela pessoa matuta, que entra em um ambiente diferente, fica intimidada e prefere ficar num canto sem falar com ninguém. Lá em casa, nenhum de nós tem nada contra os "caipiras", até porque eu e minha família somos todos nascidos e criados em cidades do interior de São Paulo.

** Não educo meus filhos com essa "técnica", mas admito que comigo minha mãe alcançou efeitos pedagógicos positivos.

"Domingo vêm aqui o seu Fulano e a dona Beltrana. Eles têm três filhos. O Fulano trabalha com o seu pai. Eles são muito simpáticos e vou fazer um almoço bem gostoso para nós. Nem preciso dizer para você e sua irmã se comportarem. Não quero saber de bagunça e gritaria".

De vez em quando, o briefing funcionava. Só que, daquela vez, sem nenhuma razão aparente, resolvi desafiar todos os limites. Quase adolescente, minha irmã não aderia a essas estripulias. Então, assumi a frente do grupo e decidi que estava mais do que na hora de inventar uma "poção mágica". Naquela época, eu era muito fã do desenho animado *Caverna do Dragão*, especialmente do personagem Mestre dos Magos. Acho que me inspirei no desenho. Peguei uma panela grande, abri a geladeira e a despensa. Coloquei lá dentro tudo o que encontrei pela frente. Para ficar mais gostoso, dei preferência às poucas guloseimas que tínhamos: iogurte, biscoito, chocolate. Quando minha mãe estranhou o silêncio e foi ver o que estava acontecendo, a "poção mágica" estava pronta. O seu Fulano, a dona Beltrana, meu pai e minha mãe só puderam constatar o desperdício de toda aquela comida.

Diante daquele fórum reduzidíssimo de testemunhas, talvez ela não tenha se sentido à vontade para apertar a minha orelha na hora. Com muito jeito, pediu para eu levar o panelão para a sala e explicar por que tinha feito aquilo. Estava tão acostumado às reações diretas e incisivas da minha mãe que dessa vez nem percebi que ela já estava para lá de brava. Fui para a sala, levei a "poção mágica" e fiz a apresentação. Descrevi minha ideia em detalhes e concluí que o projeto tinha sido um sucesso. Todo mundo riu, e, aos oito anos, acreditei por alguns minutos que eu era "o máximo".

Quando as visitas foram embora, minha mãe me chamou e perguntou: "Você percebeu que gastou todo o estoque de doces do mês na 'poção mágica'? Percebeu que, por causa de uma brincadeira, você jogou comida fora? Percebeu que não tem mais iogurte, biscoito e chocolate para você comer?". Só aí desconfiei que ela estava muito brava mesmo. Comecei a chorar, e ela, calmamente, deu o veredicto: "Vou comprar de novo biscoito, iogurte e chocolate para a sua irmã. Mas você vai ficar sem nada". Gastei meu estoque de guloseimas num dia só. E passei um mês vendo minha irmã comer chocolate na minha frente bem de-va-ga-ri-nho.

Foto no local que foi, por décadas, a casa dos meus avós maternos. Eu estava com dez anos quando posei com minha irmã a pedido da minha mãe. Ela sempre nos deixava arrumadinhos para registrar esses momentos.

Com o exercício diário dessa autoridade firme, mas afetuosa, minha mãe me ensinou a tomar vacina contra os meus próprios erros. Como todo mundo, eu falho, mas o mesmo equívoco não cometo duas vezes. Hoje, como adulto, noto que existem pessoas que gastam a vida com os mesmos erros. Parece que se apegam a seus desacertos prediletos. Não ouvem os outros, não aprendem, não param para refletir e, quando a gente vai ver, lá está a pessoa caindo na mesma armadilha outra vez. O pior é que a situação foi armada por ela própria. Por outro lado, tem gente que aprende com os próprios tropeços. Dói, mas a pessoa cresce. Para mim, no entanto, inteligente mesmo é quem consegue aprender observando os deslizes dos outros. A pessoa vê a outra pagar o preço e já entra espontaneamente na fila para se vacinar. Acabei adotando esse estilo: tento me imunizar só de ver o outro errar. Claro, para evoluir, assumo riscos sob controle. Mas não sou inconsequente nem abuso da "sorte". Portanto, os castigos aplicados por minha mãe foram altamente pedagógicos para mim. Hoje nem considero que tenham sido castigo e punição. Foram, de fato, oportunidades de aprendizado.

Quando a gente tem certeza que vai pagar o preço, pensa melhor antes de agir. Mas, por favor, aprender a se imunizar contra os possíveis erros não quer dizer paralisar o processo decisório por medo de falhar. O líder tem de ser capaz de assumir a responsabilidade por suas decisões. Para isso, deve definir muito bem do que precisa para decidir: informações gerais, análises, contribuições de diferentes áreas, comentários fundamentados de colaboradores, o que quer que seja. E, finalmente, tomar sua decisão — o que, de fato, é apenas o exercício da sua liderança — com a devida autonomia. Para decidir, o bom líder não busca 100% de certeza.* Ele sabe equilibrar as informações disponíveis e o tempo possível para cada tomada de decisão. Quando tudo corre bem, NÓS acertamos; se algo der errado, EU errei. Entende? Esse é o líder que queremos ajudar a desenvolver. Aquele que tem a coragem de tentar.

O poder das perguntas

Minha mãe se especializou em me ajudar a canalizar minha impetuosidade. Enquanto meu pai estimulava minha autoconfiança, ela me ensinava a contornar os obstáculos e a superar as frustrações. E me ajudava também a conseguir me comunicar a fim de encontrar

---

* No capítulo 3, vamos falar sobre meu Termômetro de Decisão.

os caminhos por onde eu poderia seguir em frente. Foi um aprendizado especialmente útil para mim a partir dos doze anos, quando comecei a trabalhar "de verdade", com carteira assinada. Menos de um ano depois de ter sido contratado como empacotador, eu já queria mais. Minha mãe percebia minha inquietação e vinha conversar. Como sempre me estimulou a me expressar, sugeriu que eu conversasse abertamente com meu gestor. Segundo ela, eu deveria falar sobre minha vontade de crescer e perguntar como estava me saindo no trabalho.

No dia seguinte, encontrei o sr. Furlan* no corredor. Ele era o chefe do meu chefe. Mesmo assim, eu não podia perder a chance. Juntei coragem e perguntei: "O que eu posso fazer para ajudar mais?". Ele me levou até a loja e pediu ajuda para escolher uma calça social. Não estava entendendo muito bem aquela reação dele, mas dei minha opinião: "Acho que o senhor podia comprar essa calça grafite. A cor é fácil para combinar, suja pouco e esse tecido não amassa. Fica ótima com uma camisa branca, que eu percebi que o senhor gosta de usar. Além disso, esse modelo não tem pregas na frente e está na moda". Ele foi comigo até a área dos caixas, falou um pouco ao telefone e depois me informou: "A partir de amanhã, tudo que você vender aqui na loja pode lançar no número 87.6. É seu número de vendedor. Parabéns, agora você não é mais empacotador". Eu estava com treze anos. Voltei para casa, contei para a minha mãe e perguntei: "E para amanhã, a senhora tem mais alguma dica?".

Como vendedor, fui muito feliz. Passava o dia inteiro me relacionando com as pessoas e adorava. Nesse emprego, também aprendi a superar possíveis conflitos de geração. Os vendedores da loja eram muito experientes e bem mais velhos do que eu. Em vez de me achar o máximo porque aos treze anos estava no mesmo cargo que eles, eu me dispus a colaborar e aprender. Como já sabia me antecipar, sempre dobrava e guardava as peças que ficavam fora das prateleiras. Mesmo quando o atendimento não tinha sido meu. Em troca,

---

* No capítulo 1, já contei que foi o sr. Zulmiro José Furlan quem me contratou para trabalhar nas Casas Pernambucanas.

eles me davam dicas: desde como fazer o nó da gravata até técnicas de vendas mais sofisticadas. Tive grandes professores lá. Como me comunicava bem, vendia bem e ganhava bem, especialmente para a minha idade. Foi assim que conquistei e economizei o dinheiro para dar o presente de casamento para minha irmã e ainda comprar a Vespa verde e o Fusca branco. Até hoje, quando dou o nó na gravata, lembro-me dos meus mestres da loja. Só que, muito ansioso, eu já queria sempre mais e mais.

No começo do ano de 1990, estava passando pelo centro da cidade e vi uma fila comprida com garotos mais ou menos da minha idade. Bom, se eles estavam lá, esperando sob o sol, devia haver um bom motivo. Como minha mãe não me deixava "ser caipira" e sempre fui muito curioso, corri para perguntar: eles estavam ali para fazer a inscrição na prova de seleção do Programa de Praticantes do Banco Real. Entrei na fila, fiz a prova e fui um dos vinte selecionados.

Além de não ter vergonha de perguntar, minha mãe também me ensinou a reivindicar. Não basta querer, é preciso saber antes se o pedido é viável. Ela traduzia essa ideia com uma brincadeira. Sempre que eu fazia um pedido meio maluco, algo bem típico de adolescente sonhador, ela nunca respondia simplesmente "não". Em vez disso, ficávamos conversando, meio em tom de brincadeira, fantasiando juntos. Um dia perguntei como eu poderia me tornar um gerente. No meu sonho, ser chefe era legal, porque o cargo era importante e todos me respeitariam sem muito esforço.

Nesse dia, minha mãe me ensinou o poder dos porquês. Como naquele diagrama de causa e efeito que mencionei no primeiro capítulo, ela intuitivamente me estimulou a entender o real motivo dos meus sonhos e reivindicações. "Por que você quer isso?". Ou: "Por que isso é mais importante do que aquilo para você?". Ou ainda: "Por que você gostaria de conquistar esse objetivo?". Nós entrávamos nessa batalha dos "porquês" e, no final, construíamos juntos uma causa. Por exemplo: se eu fosse gerente, poderia me relacionar com muito mais pessoas e, ainda por cima, iria ganhar mais dinheiro para trabalhar todo dia fazendo aquilo de que mais gosto.

Fantástico! Foi assim que minha mãe me mostrou que um propósito maior poderia me ajudar a hastear minha bandeira e viabilizar minhas conquistas.

Além de entender os porquês de cada meta, minha mãe também me explicou que era preciso fazer reivindicações viáveis. Ou seja, depois que sabia O QUE queria e POR QUE queria atingir determinado objetivo, ela me explicava na sua simplicidade: "Não dá para ganhar um jogo se você não conhece as regras. Já leu os procedimentos da empresa?". Portanto, desde o início da minha carreira, eu já sabia: lia antes os "procedimentos da empresa". Só reivindicava o que tinha o respaldo das minhas competências e das políticas da instituição. Trabalhando primeiro como empregada doméstica e depois de se autodesenvolver como cabeleireira, não sei de onde minha mãe tirou isso. Mas foi bem útil. Em linguagem corporativa, por experiência própria, eu posso assegurar o seguinte: o grau de consciência de quem objetiva e reivindica alguma coisa interfere diretamente no resultado alcançado.

Melhor do que "quase" é "quando"

Voltando à minha contratação pelo Banco Real, aprendi muito no novo emprego. Passei por quase todas as funções possíveis dentro de uma agência bancária. Quando precisava lidar com os clientes, usava mais o que aprendia com minha mãe. Quando precisava ser bom de cálculo, colocava em prática o raciocínio lógico-racional herdado do meu pai. No entanto, como seria inevitável em um banco, minha vocação numérica foi mais bem aproveitada. Saí de lá em 1994, quando já ocupava um cargo no *back office* da tesouraria. Mas, cá entre nós, trabalhar só com números era muito árido para mim. Eu gosto mesmo é de gente.*

---

* Minha carreira em finanças não parou naquele ano de 1994, quando saí do Banco Real. No capítulo 3, você vai ver que trabalhei na área até 2004, quando a vida virou meus planos de cabeça para baixo.

Antes disso, porém, houve um momento em que minha mãe precisou conversar sério comigo. Eu queria porque queria fazer faculdade de odontologia. Sei lá, achava lindo ser dentista. Só que eu trabalhava em banco e tinha de estudar à noite. Sabia que dificilmente passaria no vestibular de uma faculdade gratuita e não ganhava o suficiente para pagar um bom curso particular. A situação estava quase me paralisando. Não saía do lugar: repetia que meu sonho era ser dentista; depois repetia que o mundo não me deixava sonhar. Com suas boas relações, minha mãe conseguiu uma dentista conhecida que me aceitou como "estagiário" por uma semana. Quando entrei em férias no banco, fui ver como era: no terceiro dia, não voltei mais; descobri que não posso ver sangue.

Por esse e por outros tantos exemplos da minha própria vida é que afirmo: o "obstaculismo" só se instala onde existe inércia. Quase fiquei estacionado no acostamento da minha jornada profissional. Claro, a vida nos coloca eventualmente diante de obstáculos reais e concretos. Não são imaginação ou ficção, não. O mais importante, porém, é não se deixar paralisar. Sempre existem caminhos para contornar os obstáculos. Para encontrar a melhor saída viável, entender o que está de fato atrapalhando é um bom começo. Experimente usar a técnica de se perguntar os porquês. Seja sincero nas respostas. Não minta para si mesmo. O pior é que, se você conseguir se enganar, vai desperdiçar muito tempo.

Essa história da faculdade de odontologia foi superada, finalmente, quando decidi fazer administração. Em vez de criar metas inviáveis, resolvi ser prático. Encontrei três bons motivos para fazer essa escolha: 1) como administrador de empresas, eu podia trabalhar em quase todas as áreas de negócios, inclusive, com muita gente; 2) naquela época, meu salário já era suficiente para pagar uma faculdade particular; e 3) essa graduação seria a base para depois eu fazer minhas especializações, quando já tivesse mais certeza do que queria estudar. Fiz a escolha, tomei a decisão e a coloquei em prática. Sem nenhum arrependimento até hoje. Sou muito mais feliz do que aquele cara choramingão que achava que queria ser dentista.

Dia da minha formatura em administração de empresas. Não estava dormindo, como parece; é que na verdade nunca fui muito fotogênico.

Essa não foi a única vez que quase considerei os obstáculos maiores do que a minha energia. De vez em quando, voltava para casa indignado, quase revoltado, porque não era capaz de conquistar o mundo na velocidade alucinante dos meus desejos mais imediatos. Eu me trancava no quarto, queria ficar quieto. Minha mãe dava um tempo e batia na porta. Costumava trazer um copo de vitamina de banana com leite ou dava outra desculpa. Com jeito, conseguia romper meu escudo de raiva. O que ela queria mesmo era tentar me ajudar a sair da angústia. Eu contava o que estava me afligindo e ela só pontuava: "A velocidade do comboio não é a da carroça mais rápida". Nessas horas, a CEO da casa virava especialista na Teoria das Restrições.*

---

* Referência ao livro *A meta*, de Eliyahu M. Goldratt (Barueri: Nobel, 2014), que apresenta a Teoria das Restrições de forma romanceada, considerando como restrição qualquer fator que impeça ou dificulte um sistema de atingir seu objetivo.

Não cometa o equívoco de imaginar que minha mãe estimulava em mim o conformismo. Bem ao contrário. Dependendo do caso, a reação dela era bem outra. Uma vez, contei que havia participado de um processo seletivo, mas que não tinha sido escolhido porque não falava inglês. Além de trabalhar o dia inteiro e fazer faculdade à noite, agora eu ainda precisava arranjar tempo e dinheiro para aprender outra língua? Fiz um drama. Só faltava eu gritar: "Ó mundo cruel, que exige tanto de mim e ainda quer mais!". Bem calma, ela quis saber: "E se você não aprender inglês, o que acontece?". Minha resposta foi a óbvia: "Mãe, se eu não falar inglês, não vou mais conseguir trabalhar nas melhores empresas, naquelas em que tenho mais chance de crescer, estar com muita gente e ganhar mais". Sem perder a tranquilidade, ela concluiu: "QUANDO começam as aulas de inglês? Sei que você é capaz". E saiu do meu quarto. Reação típica de quem tem interesse genuíno: ela sabia me desafiar.

Dois anos depois, eu já estava bem avançado naquele idioma, mas não foi fácil. Tive de vencer primeiro a inércia, aquele ritual tradicional dos obstáculos: inglês é complicado, deveria ter aprendido quando era criança, agora é impossível, não gosto do meu sotaque... Só depois de esgotar o saldo das desculpas esfarrapadas é que venci. Certamente teria sido mais rápido e mais produtivo se eu não tivesse ficado tanto tempo me queixando.

A partir dessas vivências, observei que, às vezes, para sair da inércia, a pessoa precisa de um "QUASE". Fulano "quase" foi escolhido, "quase" perdeu o emprego, "quase" morreu... Só depois de passar pela beira do precipício é que o indivíduo se dá conta de que a queda poderia ter sido fatal. Nesses casos, o susto serve de empurrão. Minha mãe me ensinou que, quando a síndrome do "obstaculismo" ataca, em vez de esperar o QUASE acontecer, a gente deve se perguntar QUANDO. Quando você vai tomar uma providência? Quando vai procurar o melhor caminho para contornar o obstáculo? Quando vai mudar de atitude? Quando vai protagonizar a própria vida e buscar a melhor solução viável?

Hoje, na posição de líder, eu sempre pergunto QUANDO, mas nunca defino o prazo para que alguém atinja suas próprias metas.

Afinal, não sou eu quem tem de saber quando aquele objetivo — que é do outro — precisa ser atingido. Há pouco tempo, um jovem colaborador veio conversar comigo sobre seu planejamento de carreira. Ele já está há algum tempo na empresa e eu o conheço bem: tem um bom desempenho. Mas, para a nossa conversa, ele trouxe justamente essa história de "ter de falar inglês". O rapaz admitiu que não lhe faltavam tempo nem dinheiro. Ainda era solteiro e os pais teriam condições — e prazer — de lhe bancar um bom curso, apesar de o filho já receber um salário "de gente grande".

Mesmo assim, segundo o rapaz, existia um problema. "Não sei o que acontece, mas não consigo falar inglês. Tenho um bloqueio", alegou sem pudor. Inevitavelmente, lembrei-me da reação da minha mãe, e minha resposta saiu rápida e bem objetiva: "Olha, eu sou CEO, não sei se posso curar seus bloqueios. O que lhe digo é o seguinte: na posição que ocupa hoje e com os desafios crescentes, você não vai conseguir se manter sem falar bem inglês. Você quer mesmo minha ajuda?". Sem hesitação, ele disse "sim". Então, concluí: "O bloqueio é seu, a decisão é sua. QUANDO você acha que terá aprendido inglês o suficiente para se virar?". Ele arriscou: "Em um ano?!", e eu defini: "Pois bem, você tem um ano para aprender inglês, e, se não aprender nesse prazo, vou demiti-lo!".

Quando ouvem respostas desse tipo, as pessoas não gostam muito, não. O rapaz tem todas as condições a seu favor e está se sabotando? Sinceramente, não consigo ser complacente ou solidário quando alguém reclama de fome, sentado à mesa do banquete. O rapaz teve de virar o jogo: em um ano, investiu tempo e dinheiro e aprendeu o suficiente de inglês. Parou de sofrer à toa pelo tal bloqueio e assimilou a lição: melhor sair da inércia antes que o QUASE aconteça.

As primeiras frustrações de líder

Em 2000, aos 25 anos, eu me tornei supervisor em uma grande indústria multinacional e ganhei minha primeira equipe, com quatro integrantes. Achei que tinha chegado ao paraíso: agora poderia exercitar meu carisma de verdade, dar liberdade às pessoas, mantê-las motivadas, apresentar bons resultados coletivos e fazer com que todo mundo gostasse ainda mais de mim. Sim, admito, naquela época isso parecia fundamental na minha vida: ser querido era uma meta importante. Eu ainda era um líder em formação.

Assim que assumi o novo cargo, porém, percebi que enfrentaria dificuldades com os "amigos". Alguns estavam querendo usar em benefício próprio a confiança existente em nosso relacionamento desde antes de eu ser o gestor deles. Por isso, tive de discordar e confrontá-los logo de início. Fiquei muito decepcionado. Foi um grande sacrifício aprender a me posicionar. Sofri, por exemplo, quando tive de frustrar o desejo de um grande amigo que queria ser promovido. Veja bem, até pouco tempo atrás, no happy hour das sextas-feiras, nós reclamávamos juntos da vida. Só que agora, como chefe, achava que o "amigo" não estava pronto para ser promovido.

Eu não podia me eximir, tinha de assumir minhas responsabilidades e ser coerente, como sempre achei que um líder deveria ser. Por outro lado, sabia que estava correndo o risco de perder nossa amizade. Ele até era um bom profissional, versátil e dinâmico, mas o ritmo das promoções tinha de seguir o do seu desenvolvimento. Imagine meu drama interno quando precisei dizer isso a ele? E depois, em outra situação, quando demiti alguém pela primeira vez? Pior ainda, porque a demissão foi de um amigo daquele tipo incompetente convicto, que nem me deixava dar feedback. Sempre que precisava enfrentar situações desse tipo, voltava para casa arrasado: cheguei a pensar que o mundo corporativo não era para mim. Achava que o bom líder era incompatível com o líder bom. Meu coração ficava apertado; não queria ser injusto, parcial nem desiludir ninguém. Mas também não admitia desapontar quem tinha confiado em mim: eu havia sido promovido para gerir aquela área da empresa, não para "proteger" os meus bons amigos.

Foi um período de grande frustração. Eu andava chateado, entristecido. Estava tão diferente que minha mãe percebeu. Um dia, veio conversar comigo, tentando saber o que estava acontecendo. "Você foi promovido a supervisor e não está gostando? Como é que pode? Está se tornando um líder exatamente como sonhou e não está feliz?" Não sabia bem como explicar, mas fui contando a ela o que sentia. No fundo, na essência da nossa conversa, ainda existia aquele menino que ela tinha ensinado a se aproximar sem medo das pessoas, com o desejo de ser confiável, agradar a todo mundo e, claro, ser um líder de que todos gostassem. Promovido, parecia que meu jeito de me comunicar e me relacionar com as pessoas tinha se tornado inútil. O sentimento era de impotência: o conhecimento que me trouxera até ali não me levaria adiante. Naquele dia, felizmente, minha mãe me deu mais uma de suas iluminações.

Depois de ouvir quieta e calma minhas frustrações de jovem líder iniciante, ela disse o que, para mim, soou naquele momento como uma libertação: "Filho, quando lhe ensinei que as pessoas deveriam gostar de você, não quis dizer que devia concordar com tudo e com todos. Você não tem de ficar passando a mão na cabeça de ninguém. Nunca fiz isso com você. Quando você estava errado, estava errado. Eu apertava a sua orelha e explicava o porquê, não era?".

Instantaneamente, eu me senti outra vez animado e sem a "obrigação" de agradar a todos. Que alívio, agora estava livre para tentar ser líder pelos meus próprios critérios, exercitando os meus valores. Foi assim que minha mãe me ensinou que o carisma, na verdade, é o equilíbrio de diversos fatores: proximidade, credibilidade, confiança, imparcialidade, coerência e transparência. É preciso buscar o meio-termo entre o prazer da afetividade e a prática do discernimento, da efetividade. Em um mundo de interesses individualistas, o líder é aquele que encontra esse equilíbrio e sabe que agregar valor é muito mais importante do que agradar as pessoas.

Feedbacks devem ser específicos

Foi também a partir dessa experiência que aprendi a diferença entre o feedback genérico e o feedback específico. Tentando agradar, vejo líderes que conversam genericamente: "Ah, você não conseguiu aquela vaga interna, mas faltou pouco... Não, não há nada para melhorar, só espere um pouco mais. Quem sabe na próxima vez? Não desista, tá bom?". A pessoa sai desse feedback, talvez, sem raiva. Mas, com certeza, sem rumo: "Faltou pouco? Pouco é quanto? Pouco de quê? Faltou pouco tempo ou pouca competência? O que eu tenho de fazer para ter mais chances de a vaga ser minha da próxima vez?". Quando me dei conta disso, decidi que meus feedbacks precisavam ser específicos, detalhados, meticulosos e, às vezes, até bem duros. Ou seja, com a franqueza de quem tem interesse genuíno. Portanto, sou bem assertivo e direto. Para agregar valor ao máximo, digo, por exemplo: "Dessa vez, aquela vaga do recrutamento interno não foi sua porque está faltando o curso técnico XYZ. Além disso, precisa melhorar em língua portuguesa, você comete erros básicos, como falar 'para mim fazer'. Isso dá para corrigir depressa com um curso e também lendo mais. É uma questão fundamental para o seu sucesso…".

O êxito do feedback específico depende muito do jeito de o líder se comunicar. Você pode dizer palavras duras e, ainda assim, continuar sendo querido e respeitado. É o exercício do carisma. Mas é preciso combinar com a outra pessoa. Basta perguntar antes se ela está disposta a ouvir, filtrar e assimilar aquilo que você tem para dizer. O líder pode estar disposto a colaborar para o desenvolvimento do outro. Mas o indivíduo também tem que estar disposto a ouvir com o coração aberto e, muitas vezes, com a boca fechada. Antes de dar o feedback específico, a confiança e a credibilidade recíprocas têm de estar estabelecidas. Assim, a pessoa sai da conversa com um rumo. Se concordar com o que ouviu, define metas e QUANDO vai cuidar definitivamente da própria felicidade.

Desde aquele meu primeiro cargo de supervisor, venho lapidando meu estilo de liderança. Como já disse, sempre procuro me balizar entre a efetividade e a afetividade. E, na verdade, buscando esse equilíbrio, acabei por perceber que hoje tenho muito mais amizade com as pessoas do que antes. Afinal, o amigo que sabe discordar é quem mais colabora com o nosso crescimento. É esse o amigo que guardamos para a vida inteira. Ele não quer só agradar, é sincero e agrega valor. Assim, fui definindo meus critérios e colocando em prática meus valores. E deixo claro que tudo que falo e faço tem esse meu próprio viés. O outro tem sua autonomia para ouvir, escolher e decidir o que é melhor para ele.

Hoje, toda vez que recebo uma nova equipe de colaboradores, tento conquistar a confiança deles. Mas é sempre do meu jeito. Em nossa primeira conversa, costumo dizer: "Não quero ser amigo de ninguém!". Faço uma pausa e todo mundo fica esperando com os olhos meio assustados. A maioria deve pensar: "Meu Deus! Onde é que eu vim parar?". Aí, eu digo: "Na verdade, o que eu quero é agregar valor à sua vida". Faço mais uma pausa e concluo: "E, depois disso, se você ainda conseguir ser meu amigo, essa amizade vai durar a vida toda".

Sei bem que há quem fique preso à primeira frase. Não tem disposição nem inteligência emocional para me ouvir até o fim. Não sabe usar o próprio filtro nem se expor, ou seja, sair da inércia e entrar em ação. Não está em busca de uma proposta de trabalho conjunto com interesse genuíno e recíproco. Além disso, não percebe o risco que eu mesmo estou correndo ao dizer e praticar os meus próprios valores. Outros — por sorte, a maioria — respondem com um desempenho muito positivo e nos tornamos amigos. O que nos une solidamente é a confiança no desempenho de nossas competências. Outro dia, um colaborador me deu um feedback específico que me deixou feliz: "Até que enfim, tenho um chefe que não se importa só com ele mesmo. Agora, meu chefe diz o que e como ele acha que eu devo fazer para vencer. E acredita que eu possa vencer. Nem sempre concordo com tudo, mas sinto sinceridade e isso me cativa".

Durante algum tempo, considerei que, para ser justo, eu deveria me interessar genuinamente por todas as pessoas. Na posição de líder, eu precisava encontrar tempo e disposição para tratar todos com igualdade. Como não conseguia, ficava frustrado. Depois de algumas experiências malsucedidas, entendi o que hoje me parece óbvio: é humanamente impossível ter interesse genuíno por todas as pessoas por igual e ao mesmo tempo atender às expectativas de uma pequena multidão. Com isso, estabeleci meu critério: só me interesso por quem quer ser protagonista de suas próprias ambições. Assim, invisto meu tempo e energia em quem já está disposto a alcançar bons resultados: em primeiro lugar, para si mesmo; e, consequentemente, para a empresa.

A negligência é inadmissível

Até agora falamos sobre nossas metas de desenvolvimento pessoal, aquelas que aprimoram nossa vida dentro e fora da empresa. Entretanto, a estratégia do negócio também nos aponta objetivos específicos. Periodicamente, cada time e cada colaborador são colocados diante de novos desafios. Para ser sustentável, assim como qualquer um de nós, o negócio precisa estar em movimento, em contínuo desenvolvimento. Mas o que acontece quando o colaborador não atinge seus objetivos estratégicos? Frustração, claro. Não há dúvida: não fico nem um pouco satisfeito quando uma meta não é alcançada ou, de preferência, superada. Só que, em vez de sentir raiva ou de procurar o culpado (às vezes, eu mesmo), minha reação é buscar um caminho alternativo. Podemos estar diante de uma oportunidade de inovação.

Minha inteligência emocional me ajuda a enxergar o ser humano por trás de cada meta: nada é mais nítido e eloquente do que um nome e sua história. Todas as pessoas têm suas circunstâncias e todas as metas têm seu cenário. Quando o líder atribui um objetivo,[*] especialmente se for uma meta muito desafiadora, ele precisa acompanhar de perto o projeto e o processo. Preste atenção, não estou falando em ajudar alguém, muito menos assumir a responsabilidade e fazer por ele.[**] O que estou dizendo é que o líder deve dedicar atenção à pessoa e àquela meta para que os resultados sejam maximizados.

---

[*] Todo objetivo deve ser definido, no mínimo, de acordo com o conceito Smart — específico, mensurável, alcançável, realista e com tempo definido. Caso você ainda não o conheça, procure na internet "objetivo Smart" e vai encontrar muito material para aprender mais. A definição de metas bem precisas é o primeiro passo para seu sucesso.

[**] No capítulo 1 já falamos um pouco sobre a importância da delegação.

Se você se aproximar e tiver credibilidade como líder, vai conseguir conquistar a confiança do seu colaborador. Criadas essas condições, você e ele farão o melhor para não frustrar as expectativas recíprocas. O que une vocês é a confiança nas competências de cada um e um propósito em comum: vencer. Se, no final do prazo, o resultado for atingido ou superado, o mérito é do colaborador. O líder que acompanhou e apoiou não precisa de mais crédito, correto? Ele já é líder, está apenas cumprindo seu papel. Além disso, se o time dele mantiver esse nível de desempenho, criando e superando novos desafios, este líder logo, logo vai ser promovido novamente — e seus colaboradores também.

Por outro lado, se a meta não for atingida, NÓS precisamos tomar algumas providências e fazer algumas mudanças. Ou seja, o pacto que se estabelece entre líder e colaborador tem a seguinte regra implícita: a meta é NOSSA. Se o sucesso acontecer, vai ser atribuído ao colaborador. Se a iniciativa falhar, os dois têm de se empenhar para obter melhorias. Caso o gestor perceba que é preciso fazer ajustes, a atitude precisa ser imediata. Não dá para ver a pessoa correr para o abismo e não redirecioná-la. As correções precisam ser pontuais e imediatas para aumentar as chances do êxito futuro. Quando um elo se quebra, a corrente fica fraca e as consequências podem ser graves.

Só que, mesmo assim, pode ser que a trajetória conjunta de líder e colaborador não leve aos objetivos desejados. Nesse caso, a frustração é inevitável, mas o líder tem ainda uma avaliação importante a fazer: a meta deixou de ser atingida por quê? Por negligência? Se não foi esse o motivo, está tudo certo. Os dois vão continuar a ajustar e adequar o projeto e os processos até que a meta seja atingida ou superada. Por mais que demore, eles continuam caminhando JUNTOS. Esse desenvolvimento conjunto é um investimento que vale a pena.

Já no caso de negligência, deve ser feita uma avaliação mais profunda da situação e da pessoa. Em geral, quem é negligente em relação ao próprio trabalho raramente tem apenas esse desvio de comportamento. O mais comum é que haja também quebra de valores e atitudes antiéticas. Nessa circunstância, não há complacência; só cabe ao líder ser implacável. Mas e se a negligência foi do líder e não do colaborador? O líder do líder existe para isso. Nas estruturas corporativas atuais, é bem pouco provável haver um profissional que não tenha a quem prestar contas. Nem o líder do topo da pirâmide escapa do controle dos acionistas — com seus olhos atentos e sintonizados com as práticas da boa governança.

Os números da lógica afetiva

Tenho perfeita noção de que minha habilidade para me comunicar, tão incentivada por minha mãe, é agora um dos meus trunfos como líder. Por isso, na posição de CEO, dedico 70% da minha agenda aos relacionamentos. Sobram 30% para cuidar da estratégia, das finanças, enfim, fazer com que a empresa permaneça nos trilhos da boa governança. No entanto, o ponto crucial do que chamo de nova Filosofia de Gestão está mesmo nas pessoas.

Atualmente, a Elektro, empresa que foi o primeiro laboratório da nossa nova Filosofia de Gestão, está com quase 4 mil colaboradores. Meu principal objetivo tem sido inspirá-los para que sejam protagonistas dos próprios interesses. Para isso, claro, temos usado recursos tecnológicos a fim de amplificar a interatividade entre os colaboradores de todos os níveis hierárquicos.* Eu, porém, não abro mão de uma boa conversa olho no olho. Minha mãe me ensinou — e eu, felizmente, aprendi — o prazer de apertar a mão das pessoas, ouvi-las, conhecê-las, compartilhar de seus sonhos e lutar com elas pelos mesmos objetivos. Tenho convicção de que isso faz a diferença na vida de todos, melhora muito a eficiência da empresa e ainda torna a sociedade mais justa.

Quando o líder consegue se relacionar de maneira genuína com seu time, o aumento da produtividade e os ganhos de eficiência são naturais. A lógica aqui pode ser a da afetividade, mas os resultados são bem tangíveis, mensuráveis, efetivos. A motivação e a dedicação

---

* Vamos falar sobre os programas estruturados de compartilhamento e os canais de comunicação mais à frente — em especial, no capítulo 8.

dos colaboradores são crescentes. Afinal, a empresa é o "veículo" que viabiliza NOSSOS sonhos, NOSSOS objetivos de vida. Ninguém descuida do carro que vai usar para viajar nas férias com a família, não é? Nosso colaborador entende isso muito bem e sai da inércia, assumindo as rédeas de sua vida, da sua carreira e do seu dia a dia de trabalho. Com essa injeção de ânimo e energia, as pessoas multiplicam os retornos: a entrega de valor supera as expectativas dos acionistas mais exigentes de qualquer companhia, de qualquer país do mundo. Então, na nossa empresa, todos têm motivos para estar encantados: colaboradores, clientes e acionistas.

E, como a FELICIDADE tem reflexo direto nos resultados, especialmente para os mais céticos, aqui estão alguns números para ilustrar: em menos de dois anos (de 2012 a 2014), tivemos 22% de ganhos de eficiência nos custos operacionais (quase 100 milhões de reais), enquanto o indicador de qualidade dos nossos serviços melhorou mais de 15% sem investimentos adicionais. Portanto, se o relacionamento com as pessoas vale tanto, por que o líder não deveria se dedicar mais a elas? Em vez de se prender aos tradicionais modelos de administração, focados naquilo que "funciona" (indicadores convencionais, máquinas e funcionários), talvez esteja na hora de você se abrir para uma nova Filosofia de Gestão. Por que não tentar uma estratégia inovadora, que tem se mostrado sustentável? Em pouco tempo, você também vai ter a oportunidade de constatar e mensurar: FELICIDADE DÁ LUCRO.

Direto ao ponto

- Metas muito bem definidas são o primeiro passo para o sucesso.
- O líder autocrático tem as competências lógico-racionais muito desenvolvidas e a inteligência emocional atrofiada. Por isso, os resultados ficam sempre abaixo do potencial do time.
- Toda pessoa que demonstra interesse genuíno por você será uma excelente fonte de aprendizado. Não permita que a timidez ou os preconceitos levantem barreiras entre você e os outros.

- O líder carismático deve buscar o equilíbrio entre a efetividade e a afetividade. É preciso encontrar o meio-termo entre o prazer do relacionamento e o exercício dos critérios e valores.

- Às vezes, a vida coloca diante de nós obstáculos reais e concretos. Não fique paralisado, sempre existem caminhos para contornar as dificuldades.

- Antes de definir um objetivo ou fazer uma reivindicação, você tem de saber POR QUE quer aquilo e COMO vai fazer para ter sucesso. Não adianta ter metas inviáveis.

- Você tem todas as condições a seu favor e está se sabotando? Sinceramente, não consigo ser complacente ou solidário quando alguém reclama de fome sentado à mesa do banquete com tanto para comer.

- O "obstaculismo" só se instala onde reina a inércia. Não espere QUASE acontecer uma tragédia para decidir QUANDO vai tomar uma providência.

- A fim de tentar agradar, o líder dá um feedback genérico. Se o interesse é genuíno, o feedback precisa ser específico, profundo e valioso.

- O sucesso do feedback específico depende muito da comunicação do líder. Basta perguntar antes se a pessoa está disposta a ouvir, filtrar e assimilar aquilo que você tem a dizer. O combinado nunca é caro.

- Se concordar com o que ouviu no feedback específico, o colaborador define metas e prazos e vai atrás da própria felicidade.

- Como líder, é humanamente impossível ter interesse genuíno por todas as pessoas por igual. A partir disso, estabeleci meu critério: só me interesso por quem quer ser protagonista de suas próprias ambições.

- Não fico nem um pouco satisfeito quando uma meta não é alcançada ou superada. Só que, em vez de sentir raiva ou de procurar o culpado, minha reação é buscar uma saída. Pode ser uma oportunidade de inovação.

- O pacto que se estabelece entre líder e colaborador tem a seguinte regra implícita: a meta é nossa. O sucesso vai ser atribuído ao colaborador. Se alguma coisa der errado, o líder sempre será o responsável.

- Na posição de ceo, dedico 70% da minha agenda aos relacionamentos. Sobram 30% para cuidar da estratégia, das finanças, enfim, para fazer com que a empresa permaneça nos trilhos da boa governança.

CAPÍTULO 3

A semente da filosofia

Até mais ou menos os meus vinte anos, a ansiedade foi minha marca registrada. Eu falava muito, trabalhava muito, tinha muita pressa e muita certeza de onde queria chegar. Quando saí do banco, fui trabalhar como estagiário em uma indústria italiana de autopeças. Como já tinha vivência profissional e estava concluindo a faculdade de administração de empresas, rapidamente fui efetivado. No dia a dia, eu garantia minha cota diária de trabalho, dedicação e disciplina. Mas queria a recompensa o mais rápido possível. E até que não posso me queixar: entre 1994 e 2000, fui promovido todos os anos até chegar a analista sênior na controladoria. Mas, para mim, ainda era pouco. Para tentar acalmar minha ansiedade, eu só conhecia uma alternativa: pisava no acelerador e me apegava à racionalidade.

Agora, fazendo minhas costumeiras reflexões, percebo que, naquela época, meu ímpeto mais espontâneo seria pular de galho em galho. Trocar de empresa sempre que visse uma nova oportunidade no mercado. Por outro lado, minha racionalidade argumentava: se você pular de galho em galho, não vai ter tempo de aprender nada. Assim, não vai construir uma carreira com resultados para apresentar. É um ciclo: plantar, regar, esperar crescer e colher. Com raríssimas exceções, acelerar a colheita não traz os melhores frutos. Quando a raiz é fraca, o tombo é feio. Naquele tempo, tenho certeza de que foi a minha dimensão lógico-racional que me manteve, em média, quatro anos em cada emprego. No caso da fabricante de autopeças, por exemplo, foram sete anos — meu recorde até então.

Assim, fui conseguindo fazer minha carreira avançar — o que era muito positivo. Havia, porém, uma forte oscilação dentro de mim. Era como um pêndulo. De um lado, eu me espelhava no meu pai: efetivo, lógico, mecânico, tangível. De outro, estava a contribuição da minha mãe: afetiva, intuitiva, orgânica, intangível. Cada uma dessas dimensões era positiva e real. Só que, para mim, as duas eram diferentes demais entre si. Uma contradizia a outra. Esse constante conflito realimentava a minha ansiedade. Eu não tinha ainda a consciência de que as duas dimensões podiam ser complementares. Hoje, como líder, compreendo que são absolutamente compatíveis. Podem — e devem — dialogar, conviver e agir em harmonia. É esse equilíbrio que sempre busco. Mas, para chegar a essa conscientização, houve uma trajetória, um longo aprendizado.

Coaching de vida

Na verdade, desde 1997, quando comecei a namorar minha esposa, passei a contar com mais uma contribuição decisiva para o meu desenvolvimento pessoal. Mais do que namorada, esposa, mãe dos meus filhos, empresária e amiga, ela é a parceira da minha jornada. Há muitos méritos que devo atribuir a ela na minha atual performance como líder. No entanto, há um do qual não abro mão: desde que nos encontramos pela primeira vez, fui capaz de identificar a melhor *coach* que eu poderia ter na vida. Como ela retribuiu se interessando genuinamente por mim, eu me abri às suas contribuições. É ela quem me inspira a buscar a felicidade — para mim e para os outros.

Quando começamos a namorar, ela tinha dezesseis anos, e eu, 22. Eu já trabalhava havia uma década, me achava experiente, bem-sucedido e tinha acabado de comprar meu primeiro carro zero-quilômetro. Ao que parece, eu estava no auge da fase "sou o máximo". Por dentro, porém, estava praticamente dominado pela ansiedade.

Descendente de orientais, minha esposa acrescentou novos valores e interesses ao meu repertório. Hoje tenho convicção de que, somada à minha racionalidade, foi ela que conseguiu deter meu ímpeto de pular de galho em galho.

Com a maior serenidade, nunca deixou de expressar a própria opinião sobre tudo que eu lhe contava. Nunca se intimidou pelo fato de eu ser mais velho (não muito) e já estar com a carreira encaminhada. Foi ela, por exemplo, quem me deu as primeiras doses de "desconfiômetro". No começo do namoro, quando saíamos juntos, eu não parava de falar. Sobre tudo ao mesmo tempo e na velocidade da minha ansiedade. E ela dava uns toques bem objetivos: "Você precisa aprender a escutar mais. Sou sua namorada, mas não quero ficar aqui só ouvindo, ouvindo. Eu também tenho o que contar". Ela já era mais assertiva do que os apertões de orelha da minha mãe.

Bem depressa, então, concluí que estava diante de mais uma pessoa que poderia me ensinar muito. Mesmo sendo mais jovem e menos experiente do que eu, ela nunca teve medo de me desafiar e de propor mudanças. Incorporei ao meu dia a dia, por exemplo, uma frase que ela já me falava desde aquela época: "É mais fácil pôr freio do que motor". Segundo minha então namorada, a pessoa motivada segue em frente sem precisar que ninguém empurre. No máximo, necessita de ajuda para não passar dos limites e até para dar uma freadinha aqui e ali. Já quem se condena à paralisia, não se mexe nem com a energia de dez guindastes. Não tem motor próprio; então, não adianta ninguém dar a partida para ajudar.

Até hoje, nossas conversas continuam tendo essa franqueza e sinceridade de propósito. É o que alimenta nosso laço de confiança. Nem sempre gosto do que ouço, claro, como qualquer pessoa que recebe um feedback específico.* Foi preciso aprender a escutar com atenção, manter a mente e o coração abertos e fazer o filtro do que pode ser útil para o meu aprimoramento. Por isso, sempre que dou

---

* No capítulo 2 falei sobre a diferença entre dar um feedback genérico e um feedback específico. Se você quer realmente ser valioso na vida de alguém, seja específico nos comentários.

um feedback específico, encerro a conversa lembrando: "Eu lhe ofereci o melhor de mim e disse tudo o que penso. Mas essa é a minha verdade. Ligue o filtro e pegue o que for útil para você". A qualquer momento e circunstância, a vida oferece muitos mestres. Se você for capaz de ouvir com atenção, vai identificá-los.

Sentindo o efeito benéfico da parceria com minha namorada, logo decidi: queria me casar e ter filhos com ela — meu lado afetivo diz que foi só por amor; meu lado efetivo admite que levou de brinde uma *coach*. Como já sabia que nenhum sonho vira realidade sem planejamento, investimento e execução, entrei em ação: vendi meu carro novo. O dinheiro foi para completar o valor do terreno e começar a construção de uma casa. Considerando a importância que minha família dava à casa própria, nem conseguia me imaginar casando sem construir a minha. Entre 1999 e 2003, ano em que nos casamos, toda a nossa energia foi canalizada para esse projeto. Nós dois estudávamos, trabalhávamos e poupávamos para construir nossa casa.

E realmente caprichamos. Da solidez das paredes aos detalhes da decoração, aquela casa foi mais uma meta alcançada. Aliás, superada. Ficou tão bonita que, com seu jeito caladão e observador, meu pai chegou à conclusão de que estava "vistosa até demais". O medo dele era a violência; a casa podia chamar a atenção dos ladrões. Por isso, expliquei que já havia instalado alguns recursos modernos de segurança. "Mais do que isso, pai, o que eu posso fazer?" E a resposta dele veio certeira: "Fica esperto, filho, se liga no movimento...". Até hoje, sempre que peço para um colaborador acompanhar atentamente um cenário de negócios, eu brinco: "Fica esperto, se liga no movimento...".

Pé na areia e boa companhia

Pouco a pouco, fui aprendendo a conciliar meu lado sonhador com meu temperamento executivo. Não há paradigma mais claro dessa convivência bem-sucedida do que os dias de férias que passamos em

Maragogi logo depois que nos casamos. Estávamos em um resort lindo, havia muito sol e, debaixo do sombreiro, eu tinha nas mãos... um caderno e uma caneta! Estava desenhando minha progressão de carreira para os próximos anos. Longe da pressão do dia a dia do trabalho e dos estudos, com os pés enfiados na areia quente da praia, minha cabeça podia voar longe. Nessas sessões de ócio criativo, minhas mãos desenharam uma escada. Degrau por degrau, estava lá cada etapa do meu plano de carreira.

Com horizonte de médio prazo, fiz um planejamento do jeito que eu gosto — bem detalhado. Cada degrau da minha escadaria era apoiado em dois elementos: 1) o conteúdo técnico, o conhecimento lógico e racional (ou seja, o hardware) necessário para eu ter o melhor desempenho; e 2) as competências comportamentais e o aprendizado dos aspectos intangíveis (o software). Por exemplo, para passar de analista júnior para pleno, meu hardware técnico tinha de contribuir com 80%, enquanto meu software comportamental entrava com os 20% restantes. Conforme eu ia avançando nos degraus da escada, essa proporção ia se invertendo. Desde aquela época, eu já percebia que uma posição de liderança em alto nível iria exigir 80% de contribuição da minha inteligência emocional e 20% das minhas competências técnicas.*

Depois de passar uns dias sonhando e desenhando no calor da praia, submeti aquelas ideias à minha *coach*. Em vez de reclamar que nem nas férias eu parava de pensar no trabalho, ela se interessou genuinamente e me deu sua contribuição. Perguntou, quis saber, avaliou, considerou, deu novas ideias — enfim, sonhou junto comigo e me propôs novos desafios. Só que, para nós dois, sonhar é sinônimo de planejar e executar. Cada sonho é um projeto. Tanto é que, durante essas férias em Maragogi, chegamos à conclusão de

---

* Veja mais adiante, neste mesmo capítulo, uma lição de que eu ainda não tinha consciência naquela época: cada plano e suas metas devem ser bem detalhados para que a gente possa, inclusive, acionar as melhores alternativas, caso a vida vire o cenário de ponta-cabeça. Para improvisar e manter a qualidade do desempenho, a pessoa precisa saber muito bem onde está pisando.

que estava na hora de eu mudar de emprego. Ela fez o diagnóstico do meu momento de carreira: "Vai ser bom experimentar novos ares. Ir para uma empresa na qual você use mais seu inglês, seja desafiado, possa evoluir e aprender mais. Encontre alguma coisa que seja mais alinhada com seus valores".

    Como já trabalhava havia quatro anos em uma grande indústria norte-americana de componentes eletrônicos, naquele momento, procurar um novo emprego seria bem diferente do que pular de galho em galho. Ali onde eu estava, entre 2000 e 2004, apesar de ter resultados a apresentar, fui promovido apenas uma vez. Justamente para meu primeiro cargo de gestor, à frente de uma equipe com quatro colaboradores. Nessa fase, vivenciei aquelas primeiras angústias e frustrações de jovem líder, que já contei no capítulo 2. Lá, tive a oportunidade de aprimorar e colocar em prática todo meu hardware técnico. O mais importante, porém, foi o salto evolutivo — ao que parece, intangível — das minhas competências comportamentais.

    Entre os meus 25 e 29 anos, vivi um período de muita reflexão e aprendizado. Nessa etapa do meu desenvolvimento, comecei a conciliar as dimensões lógico-racional e a emocional. Além disso, somava em mim as contribuições recebidas das outras pessoas. Por fim, a razão e a emoção paravam de lutar e davam uma trégua para a minha ansiedade. Nessa época, descobri também que existe uma relação inversamente proporcional: sempre que a energia da minha ansiedade é canalizada, minha eficiência aumenta. Com essas percepções, fui modelando o esboço do meu estilo mais eclético de liderança. Sabia que ainda não estava pronto. Mas já sentia o foco se direcionar para um propósito maior: SER FELIZ.

O Termômetro de Decisão

Um ano depois de ter me casado, aos 29, diante da meta de trocar de emprego, eu me lancei ao mercado. Antes de mais nada, montei novamente meu diagrama de perguntas e respostas. Por quê? Primeiro, tinha de entender o que eu queria de fato. O desafio estava em aberto, mas eu ainda não sabia bem o que buscava. Consciente disso, estruturei meus cinco planos e escolhi um deles para pôr em prática.* Como sempre, meu objetivo prioritário era ser feliz. Para isso, queria passar a investir menos nas competências técnicas e mais no desenvolvimento da minha inteligência emocional. Em outras palavras, queria estar mais próximo e me relacionar com muito mais pessoas no dia a dia de trabalho.

Para me capacitar como líder, priorizei os investimentos no meu próprio treinamento. Paralelamente, coloquei em funcionamento minha rede social: enviei currículos, participei de processos de seleção e cheguei à reta final em três deles. Eram grandes companhias e todas tinham uma reputação de peso em seus setores de atuação. Ou seja, estava diante de uma combinação promissora: eu tinha interesse em trabalhar em uma daquelas empresas e, pelo visto, os recrutadores buscavam pessoas com meu perfil profissional.

Nessas seleções, ficou evidente para mim que, de fato, desde os treze anos de idade, eu vinha construindo uma carreira sólida e já tinha os primeiros resultados para apresentar aos meus entrevistadores. Procurei uma nova posição por quase um ano, mas, depois, acabei diante de três boas oportunidades. Ou seja, como reflexo do meu trabalho, dedicação e disciplina, fui "obrigado" a enfrentar — até então — o maior dos meus melhores dilemas profissionais: escolher em qual daquelas três empresas eu gostaria de trabalhar. Por mais que seja positiva e até agradável, essa é sempre uma decisão complexa. Tinha consciência de que estava em um momento de arrancada na carreira. Aquela escolha seria decisiva para o sucesso — ou fracasso — do novo plano de médio prazo que eu tinha traçado para mim.

A decisão era de fato muito importante, mas não ia me paralisar. Naquele momento, eu já sabia que não poderia confiar unicamente na dimensão lógica nem na emocional. Cada vez mais, venho aplicando abordagens técnicas de gestão na vida pessoal e percepções

---

* O processo está descrito em detalhes no capítulo 1.

sensíveis aos processos corporativos. Estou convicto de que a fronteira entre vida pessoal e empresarial é apenas uma linha imaginária. Perdemos muito tempo tentando ser uma pessoa em casa e outra no trabalho. Além de ser perda de tempo, isso quase nunca dá certo. Quando alguém consegue fazer essa dissociação, pode ter certeza: o pessoal ou o profissional fica frustrado.

Então, para tomar aquela decisão, somei meus argumentos mais racionais aos meus valores intangíveis. Misturei tudo, e a aplicação desse critério "misto" tem dado resultados muito bons, especialmente nas minhas decisões individuais. Foi assim que desenvolvi o que chamo de meu Termômetro de Decisão. Na hora de fazer uma escolha, todas as alternativas têm sempre pontos fortes e outros mais frágeis; então, contar com uma ferramenta desse tipo pode ajudar bastante. Por isso, compartilho com você a metodologia que desenvolvi para mim sob a inspiração de algumas abordagens KT,* que um amigo me mostrou na época. Para facilitar a compreensão, vou apresentar o Termômetro de Decisão em um passo a passo:

1   Para fazer o seu PDI — Plano de Desenvolvimento Individual —,** ANTES, estruture cinco planos e aplique o diagrama de causa e efeito até definir um único projeto (a bola da vez), que deve atender a duas condições: a) ser viável diante do cenário e das circunstâncias do momento; e b) estar de acordo com a essência do seu critério de felicidade e valores de vida. Esse processo já descrevi detalhadamente no capítulo 1.

2   Durante a execução do plano, quando for preciso fazer escolhas ou tomar decisões mais complexas, aplique o Termômetro de Decisão. Comece fazendo uma lista aleatória com cerca de vinte fatores que respondam ao seu critério de felicidade. No meu caso, por exemplo, como estava decidindo onde gostaria de ir

---

* Kepner-Tregoe (KT), consultoria especializada em modelagem de processos e solução de problemas. Acesse o site e saiba mais direto na fonte. Disponível em: <kepner-tregoe.com/about-kt/company-overview/kepner-tregoe-history/>. Acesso em: 1º maio 2015.

** Você encontra mais detalhes para montar o seu PDI nos capítulos 1 e 5.

trabalhar, listei itens como afinidade com o desafio, ambiente, bônus anual, distância de casa ao trabalho, aprendizado geral, perspectivas futuras, entre outros. Veja a Tabela 1:

FATORES EM ORDEM ALEATÓRIA
Distância casa-trabalho
Salário mensal
Carro da empresa
Viagens frequentes
Ambiente
Bônus anual
Cargo (nível hierárquico)
Previdência privada
MBA internacional (reembolso)
Combustível (reembolso)
Línguas (reembolso)
Assistência médica/ odontológica
Clareza dos próximos passos
Ramo/ segmento
Afinidade com o desafio
Aprendizado geral
Reporta para quem
Tamanho da equipe
Perspectivas de futuro
Decisão familiar

Tabela 1 Lista aleatória dos vinte fatores que respondem ao seu critério de felicidade.

3 Em seguida, você deve numerar esses itens de 1 a 20 por ordem decrescente de importância. Entre todos os fatores, o mais importante para você nesse momento é, por exemplo, a decisão familiar? Então, esse item é o número 20. Se a questão menos importante for o setor de atuação da empresa (ramo/ segmento),

esse será o item número 1. Começando pelo 20 até o 1, esses serão os pesos que você usará mais adiante. Veja o exemplo na lista hipotética na Tabela 2:

FATORES EM ORDEM DECRESCENTE	Pesos de 1 a 20
Decisão familiar	20
Clareza dos próximos passos	19
Viagens frequentes	18
Salário mensal	17
Bônus anual	16
Cargo (nível hierárquico)	15
Afinidade com o desafio	14
Ambiente	13
Reporta para quem	12
Tamanho da equipe	11
Perspectivas de futuro	10
Aprendizado geral	9
Carro da empresa	8
Distância casa-trabalho	7
Previdência privada	6
MBA internacional (reembolso)	5
Combustível (reembolso)	4
Línguas (reembolso)	3
Assistência médica/ odontológica	2
Ramo/ segmento	1

Tabela 2 Fatores ordenados por ordem decrescente de importância pelo seu critério de felicidade.

4   O próximo passo é ocultar essa coluna de numeração de 1 a 20 e ordenar os itens em ordem alfabética. Assim, na próxima etapa, você será menos influenciado pelo critério de importância que já exercitou. Veja a Tabela 3:

FATORES EM ORDEM ALFABÉTICA
Afinidade com o desafio
Ambiente
Aprendizado geral
Assistência médica/ odontológica
Bônus anual
Cargo (nível hierárquico)
Carro da empresa
Clareza dos próximos passos
Combustível (reembolso)
Decisão familiar
Distância casa-trabalho
Línguas (reembolso)
MBA internacional (reembolso)
Perspectivas de futuro
Previdência privada
Ramo/ segmento
Reporta para quem
Salário mensal
Tamanho da equipe
Viagens frequentes

Tabela 3 Lista dos critérios em ordem alfabética com a ponderação oculta dos pesos já atribuídos por você.

5 A seguir, atribua notas de 1 a 10 (sendo 10 a melhor nota) para cada um dos vinte fatores já ordenados alfabeticamente. Continuando o mesmo exemplo dado no passo 3: Decisão familiar é nota 9,5 para a empresa ABC e 9 para a empresa XPTO; o fator ramo/ segmento é nota 10 para a empresa ABC e 9 para a XPTO. Proceda dessa forma para os vinte fatores, comparando as duas empresas item a item. Na Tabela 4, você vê o exemplo completo aplicado em duas empresas hipotéticas:

FATORES EM ORDEM ALFABÉTICA	Empresa ABC, notas de 0 a 10	Empresa XPTO, notas de 0 a 10
Afinidade com o desafio	10	7
Ambiente	10	10
Aprendizado geral	10	8
Assistência médica/ odontológica	10	10
Bônus anual	5	7
Cargo (nível hierárquico)	10	10
Carro da empresa	5	7
Clareza dos próximos passos	10	9
Combustível (reembolso)	10	10
Decisão familiar	9,5	9
Distância casa-trabalho	5	10
Línguas (reembolso)	7	7
MBA internacional (reembolso)	10	10
Perspectivas de futuro	9	10
Previdência privada	5	5
Ramo/ segmento	10	9
Reporta para quem	10	9
Salário mensal	10	8,5
Tamanho da equipe	9	10
Viagens frequentes	8	10

Tabela 4 Notas de 1 a 10 atribuídas aos vinte fatores aplicados para duas empresas hipotéticas.

6 Nesse momento, abra novamente a coluna que ocultou no passo 4 (os pesos de 1 a 20 para cada fator) e multiplique pelas notas de 1 a 10. Veja a Tabela 5:

FATORES EM ORDEM ALFABÉTICA	Pesos de 1 a 20	Empresa ABC, notas de 0 a 10	Empresa XPTO, notas de 0 a 10
Afinidade com o desafio	14	10	7
Ambiente	13	10	10
Aprendizado geral	9	10	8
Assistência médica/ odontológica	2	10	10
Bônus anual	16	5	7
Cargo (nível hierárquico)	15	10	10
Carro da empresa	8	5	7
Clareza dos próximos passos	19	10	9
Combustível (reembolso)	4	10	10
Decisão familiar	20	9,5	9
Distância casa-trabalho	7	5	10
Línguas (reembolso)	3	7	7
MBA internacional (reembolso)	5	10	10
Perspectivas de futuro	10	9	10
Previdência privada	6	5	5
Ramo/ segmento	1	10	9
Reporta para quem	12	10	9
Salário mensal	17	10	8,5
Tamanho da equipe	11	9	10
Viagens frequentes	18	8	10

Tabela 5 Lista de fatores com pesos e notas atribuídos por você.

7 Depois de multiplicar as notas pelos pesos atribuídos, some os resultados dos vinte fatores. Você terá um total final para a empresa ABC e outro para a XPTO. Quando terminar de aplicar o Termômetro de Decisão, estará diante de um indicador confiável — combinando fatores racionais a seu critério de felicidade — para direcionar suas escolhas e decisões de modo bastante consciente e consistente. No meu caso específico, o Termômetro de Decisão indicou que eu deveria ir trabalhar na Elektro, uma distribuidora de energia elétrica. Tomei minha decisão conscientemente e co-

mecei na empresa no dia 26 de agosto de 2004. Não tinha a menor ideia, porém, de que estava ingressando na instituição na qual me tornaria CEO. Veja a Tabela 6:

FATORES EM ORDEM DECRESCENTE	Pesos de 1 a 20	Empresa ABC, notas de 0 a 10	Empresa XPTO, notas de 0 a 10	Empresa ABC, peso × nota	Empresa XPTO, peso × nota
Decisão familiar	20	9,5	9	190	180
Clareza dos próximos passos	19	10	9	190	171
Viagens frequentes	18	8	10	144	180
Salário mensal	17	10	8,5	170	144,5
Bônus anual	16	5	7	80	112
Cargo (nível hierárquico)	15	10	10	150	150
Afinidade com o desafio	14	10	7	140	98
Ambiente	13	10	10	130	130
Reporta para quem	12	10	9	120	108
Tamanho da equipe	11	9	10	99	110
Perspectivas de futuro	10	9	10	90	100
Aprendizado geral	9	10	8	90	72
Carro da empresa	8	5	7	40	56
Distância casa-trabalho	7	5	10	35	70
Previdência privada	6	5	5	30	30
MBA internacional (reembolso)	5	10	10	50	50
Combustível (reembolso)	4	10	10	40	40
Línguas (reembolso)	3	7	7	21	21
Assistência médica/ odontológica	2	10	10	20	20
Ramo/ segmento	1	10	9	10	9
TOTAL				1839	1852

Tabela 6 A ponderação de pesos e notas atribuídos combina critérios racionais e emocionais para a tomada de decisões mais complexas.

Fazendo essa ponderação antes de cada decisão, dificilmente um dia você vai se perguntar: "E se eu tivesse feito outra escolha?". Esse instante de dúvida não costuma acontecer, porque você terá certeza de que utilizou todos os recursos disponíveis no momento para tomar a melhor decisão possível. Essa é a maneira mais eficiente — que eu conheço — para minimizar eventuais arrependimentos. Quando você sai da inércia, toma consciência da sua autonomia. Ao assumir o protagonismo da própria vida e mobilizar suas energias para planejar e executar um projeto, uma das grandes vantagens é que você vai vivenciar as consequências com menos tensão e mais tranquilidade. Por isso, recomendo que, sempre que estiver diante de uma decisão complexa, tente usar um Termômetro de Decisão — crie o seu ou use o meu.

E foi este o meu primeiro crachá na nova etapa que estava começando.

A conquista da flexibilidade

Sob uma perspectiva convencional, vinha planejando e construindo uma carreira que eu e o mercado já podíamos chamar de bem-

-sucedida. Em 2004, pouco antes de completar trinta anos, tinha acabado de assumir o cargo de gerente na área de controladoria. Naquela época, estava na minha zona de conforto e já traçava, portanto, planos de médio e longo prazo. A meta final do meu encarreiramento profissional vertical era chegar a CFO.* A área financeira era meu mundo e através dela é que eu pretendia continuar abrindo meu caminho. Estava confiante e tranquilo: era um objetivo viável e que me faria feliz — tinha certeza absoluta disso. No ano seguinte, porém, novos fatos vieram abalar minhas convicções.

Já havia algum tempo minha esposa vinha me propondo um novo desafio. Ela dizia que eu tinha um perfil também muito adequado para outras áreas, além da financeira. Na opinião dela, eu poderia "ser ainda mais feliz com menos números e mais pessoas". Ficava entusiasmado com a ideia, mas me apegava ao plano de carreira vertical que já havia definido em finanças. Até que, de repente, surgiu uma vaga interna de gerente sênior na área comercial da empresa. Passei alguns dias avaliando meu perfil e os requisitos da posição. Comentei com minha esposa sobre aquela possibilidade e ela me convenceu: devia tentar e curtir a caminhada sem o compromisso de vencer. Seria um momento legal, uma oportunidade para aprender mais. Eu tentaria sair da zona de conforto, correndo um risco sob controle em "ótimas condições de temperatura e pressão". Se desse certo, maravilha. Caso contrário, eu não perderia nada. Continuaria seguindo minha trajetória vertical como planejado.

Estava bem inclinado a participar do processo de seleção para aquela vaga, tanto que já havia me informado sobre a política de recrutamento interno da empresa (ou seja, já tinha lido "os procedimentos", como recomendava minha mãe). Além disso, uma pessoa do RH me convidou e me estimulou a entrar na seleção para ocupar aquela posição. Mesmo assim, não tinha a menor expectativa de ser o escolhido. Meu principal objetivo era me arriscar um pouco

---

* CFO: *chief financial officer*, ou diretor financeiro, é o profissional que planeja e administra toda a área financeira de uma empresa.

e aprender. Queria mesmo era treinar a participação em processos seletivos de alto nível.

Só que nem tudo na vida acontece exatamente como foi planejado. Acabei sendo o escolhido para me tornar gerente sênior na área comercial da empresa. Fiquei feliz pela progressão na carreira, mas admito que a notícia me deixou também muito surpreso e meio confuso. Aquela conquista inusitada me tirava do rumo original. Na verdade, estava apenas testando meus conhecimentos, pois queria de fato continuar a crescer na área financeira. O medo de sair da zona de conforto já estava causando seus efeitos sobre mim. Só que agora eu não podia mais voltar atrás. Ficaria muito estranho ter ido até o final do processo seletivo, ser o escolhido entre candidatos muito bons e recusar a oportunidade. Provavelmente, se eu recusasse, ficaria "queimado" com o RH da empresa e com o diretor comercial. Cá entre nós, com toda a razão.

Portanto, como não havia a opção de desistir, voltei ao meu diagrama de perguntas e respostas. Por que decidi participar daquele processo seletivo interno? Porque na área comercial iria conviver com menos números e com mais pessoas. Por que isso me faria feliz? Porque aquilo de que mais gosto na vida é me relacionar com as pessoas. Como gerente sênior na área comercial, além de ter uma equipe maior de colaboradores, eu teria outro desafio: iria aprender a me relacionar com os clientes. Em vez de ser um número no papel, o cliente agora estaria na minha frente. Conversaríamos olho no olho e eu conheceria as pessoas, suas necessidades, objetivos e expectativas. Quando refleti sobre tudo isso, perdi o medo da mudança. Estava finalmente pronto para encarar os novos aprendizados. O diretor da área comercial já havia até me telefonado. Deu-me os parabéns e acertou os últimos detalhes. Eu começaria no início do mês seguinte.

Um dia depois de ter sido parabenizado pelo diretor comercial, a secretária do CEO me chamou, dizendo que ele queria conversar comigo. Um fato incomum na época. Fiquei um pouco inquieto, mas apostei na melhor hipótese: "Talvez ele também queira me dar os parabéns pela promoção. É uma mudança relevante de carreira. Por causa disso, vou entrar no círculo de pessoas que vivem mais perto do topo...". Só que aquela conversa entre mim e o CEO terminou de virar de ponta-cabeça os meus planos de encarreiramento profissional. Vou tentar reproduzir o diálogo da forma mais fiel possível para você imaginar o que senti:

— Márcio, preciso de uma ajuda. Sabe a gerência de compras, logística e qualidade?

— Sim, claro, sei.

— Aquela gerência está vaga há oito meses. Quero que você vá para lá.

— Como assim?

— Quero que você saia de controladoria e vá para compras.

— Como assim? De gerente para gerente e em compras? Olha, preciso explicar o que aconteceu: fiz uma seleção interna e já sou o escolhido para passar a gerente sênior lá no comercial. O diretor até já me ligou para combinar a data do meu início lá. Está tudo certo...

— Quem ligou dizendo isso?

— Foi o diretor comercial. É uma promoção de gerente para gerente sênior. Vou da controladoria para a área comercial. É novo para mim, eu sei... Mas acredito que posso fazer um bom trabalho, e o meu novo diretor está apostando em mim.

Na mesma hora, o CEO telefonou para o diretor comercial e colocou no viva-voz para eu ouvir:

— E aí, tudo bem, Beltrano? Foi você quem ligou para o Márcio, dizendo que aquela gerência sênior no comercial era dele?

— Foi... Fui eu, sim...

— O.k., então cancela. Estou convidando o Márcio para ir para aquela vaga em compras, logística e qualidade. Como você sabe, temos um problemão lá. Nós precisamos de alguém com o perfil dele. Então, cancela a promoção dele aí, o.k.?

— O.k., vou chamar o segundo colocado no recrutamento interno.

Naquele momento, olhei para o CEO incrédulo... E fui educado, franco — e bem ingênuo, porque nada que eu argumentasse iria fazê-lo telefonar outra vez e voltar atrás naquela decisão.

— Eu não gosto dessa ideia, não. Acho um equívoco. Já fui escolhido para ir para a área comercial e lá vou ser promovido.

Então, o CEO me perguntou:
— Você é casado, Márcio?
— Sou.
— Então, você chega em casa hoje à noite e fala para sua esposa que você foi demitido. E, aí, juntos, vocês planejam a vida com você desempregado. Se ficar muito ruim a situação, amanhã você volta aqui e aceita a minha proposta. Simples, não é? Pense na honra de ser útil para a companhia! Poucas pessoas são opção para a área de compras... Para você continuar a ser uma boa opção hoje e futuramente, não posso ser bondoso, tenho de ser efetivo. Eu desculpo você por não ter percebido essa necessidade e por não ter se oferecido proativamente para ocupar a posição em compras. Mas, se aceitar meu convite, fica tudo certo.

Saí da sala abalado. Bastaram cinco minutos de conversa e um telefonema para jogar minha promoção por água abaixo. Mas aquele dia ainda iria me surpreender mais um pouco. Fui embora para casa, compartilhar toda aquela indignação com minha esposa. Contei tudo em detalhes com a voz embargada, e ela só ouvia. Quando terminei de falar, muito mais lúcida do que eu, ela concluiu:

— E é claro que você já aceitou a gerência de compras, não é? Para você, essa continua a ser uma ótima oportunidade para sair de sua zona de conforto, da mesma forma como faria indo para o comercial! Eu sempre disse que você tem um perfil mais comercial... Agora, finalmente, você vai poder usar outras habilidades, seja com os clientes ou com os fornecedores na área de compras!

Com toda a sinceridade: naquele exato momento, eu me senti um idiota completo. De um lado, tinha perdido a promoção. De outro, não havia visto a oportunidade que minha esposa percebera na hora. Pior: pela primeira vez na minha vida profissional, eu não havia me antecipado a uma necessidade, como meu pai me ensinara quando eu ainda era adolescente.* No dia seguinte, pedi para conversar de novo com o CEO:

---

* Você se lembra do processo de antecipação de necessidades que relatei no capítulo 1?

— Olha, podemos conversar? Vamos negociar um pouco?
— Legal, quanto você quer ganhar?
— Não sei, quanto você acha que é possível na gerência de compras?
— Do seu salário atual, dá para chegar em 30% a mais. Mas ficará como gerente mesmo... Não será promovido, apenas transferido.

E foi assim, dessa maneira nada heroica, que saí da área financeira — até então, meu grande sonho de carreira. Passado o impacto inicial (e também um pouco por falta de opção), tomei a decisão de entregar na nova gerência exatamente o que já oferecia antes: o meu melhor — com muito trabalho, dedicação e disciplina. Naquele momento, estava de novo com toda a energia voltada para mostrar que eu era a melhor OPÇÃO para resolver o problema em compras. Com a motivação renovada, fui me (re)descobrindo como profissional. Implantei novas metodologias, redigi normas, estabeleci padrões de qualidade, padronizei processos de compras, apliquei modelos logísticos. Além disso, sem grandes investimentos, conseguimos automatizar diversos processos burocráticos. Os resultados foram gradativamente aparecendo e eu me mantinha animado. Minha equipe, então, vibrava: antes a área não era valorizada e agora estava ganhando visibilidade, com todo mundo voando baixo.

Dali a pouco, eu me tornei responsável também pela área de importação, que foi criada por nossa equipe: com a experiência em compras, percebi que passar a importar alguns itens poderia ser bastante vantajoso para a empresa. Mais atribuições, mais responsabilidades, mais recompensas. Estava tudo entrando nos trilhos de novo. Logo depois, em menos de um ano, o CEO acabou criando uma gerência sênior especialmente para mim. Agora, até já gostava desse novo rumo. Eu estava sendo criativo, mudando e ampliando meu mundo. Bem motivado e constantemente desafiado a me superar, já nem sentia saudade da área financeira. Em 2007, fui promovido a diretor e tinha sob minha responsabilidade todas as mesmas áreas anteriores e mais tecnologia da informação e sustentabilidade. Mais tarde, em 2009, ainda assumi recursos humanos, saúde e segurança do trabalho e comunicação, e passei a diretor estatutário,* tendo todas as áreas corporativas sob a minha gestão.

Essa trajetória me ensinou muito, mas um ponto foi especial: o profissional que se desenvolve mais depressa é aquele sempre disposto a colaborar, em especial na solução dos problemas enfrentados pela empresa. Não hesite em assumir um perfil *problem solver* (resolvedor de problemas); esses profissionais crescem rapidamente e conhecem o mundo por diferentes ângulos. Veja só, se eu não tivesse aceitado ir para compras, teria ficado marcado: a empresa estava precisando da minha capacidade para solucionar um problema específico em determinada área. Caso não fosse, eu estaria me recusando a dar a minha colaboração por conta de um desejo quase sem fundamento. Na verdade, meu apego à área financeira era tão imaturo quanto minha vontade de ser dentista.**

Essa parte lógica fui capaz de entender até depressa; só não enxerguei que uma excelente oportunidade estava diante de mim. Certamente devo essa visão à minha esposa. Foi ela quem me mostrou que mudar não me faria mal nenhum. Ao contrário, poderia até fazer muito bem. E, de fato, fez. Em vez de chegar a CFO, cheguei a CEO. Tenho convicção de que passar por todas aquelas áreas me fez adquirir um conhecimento mais generalista e amplo do negócio. E esse foi um dos fatores que abriu as portas para eu me tornar o principal executivo da empresa.

Hoje, analisando em retrospecto, avalio que deveria ter saído antes de controladoria e finanças. Eu não sabia, mas, enquanto planejava minha carreira verticalmente, estava mergulhado na inércia. Estava seguindo o pensamento mais convencional, buscando um encarreiramento profissional tradicional. Foi preciso QUASE perder o emprego para me arrancar da zona de conforto. Mais uma vez, "a mudança de ares", como dizia minha esposa, só me trouxe benefí-

---

* Executivo mais conhecido no mercado como VP (vice-presidente), mas que em nossa empresa recebe essa denominação, de acordo com as normas da CVM — Comissão de Valores Mobiliários.

** Essa história de querer ser dentista já foi contada no capítulo 2.

cios. Ampliou meu conhecimento do negócio, abriu novas perspectivas e estimulou a autoconfiança. Foi só quando fui para compras que entendi: sou um profissional de alto desempenho em qualquer área porque, acima de tudo, consigo mobilizar os recursos necessários para que cada projeto e cada pessoa atinja — ou supere — os objetivos esperados. Em resumo: vejo o fim desde o começo e sei quais meios empregar para chegar até lá.

Ninguém deve perder de vista o seguinte: nenhum plano se concretiza exatamente do jeito que a pessoa imaginou e/ ou colocou no papel. Nada está gravado em pedra. Ao longo da trajetória para executar seu projeto, o cenário e as circunstâncias vão mudar. Você enfrentará dilemas e imprevistos, precisará fazer novas escolhas, tomar decisões e — acima de tudo — ser persistente e resiliente. Por isso, uma das características comportamentais em que você mais deve investir é a humildade. Inevitavelmente, a vida traz mudanças — às vezes, boas oportunidades; às vezes, grandes obstáculos. É preciso ter humildade para ser flexível. Você se curva diante da nova realidade e se adapta. Se o novo evento for positivo, aproveita a oportunidade; se for negativo, busca a melhor solução viável para contornar o obstáculo. E segue em frente, ficando atento para se antecipar e ser, de forma proativa, a OPÇÃO para resolver problemas.

A semente da filosofia

Além de uma escala de princípios e valores muito parecida, eu e minha esposa temos muitos outros pontos em comum. Por exemplo, sentimos muito prazer em trabalhar, planejar, realizar, definir e superar metas. Aos 23 anos, por exemplo, ela fundou uma empresa de comércio exterior. Não tenho a menor dúvida do seu espírito empreendedor. A respeito dela, poderia contar vários casos de sucesso profissional e ainda acrescentar sua dedicação incansável como mãe de três crianças pequenas. Nossos laços mútuos são de admiração, respeito, confiança e inspiração.

No entanto, a maior contribuição que ela dá para meu desenvolvimento como líder está justamente naqueles pontos em que somos diferentes, ou, talvez, complementares. Outro dia, por exemplo, estávamos falando sobre a precificação de um produto que ela começou a importar. Enquanto me levantei para ir buscar a calculadora financeira, ela fez uma estimativa: "Acho que vai dar para colocar no Brasil por uns oitenta reais a unidade". Depois de uma meia hora com a calculadora, cheguei exatamente ao mesmo número que ela "intuiu".

Não sei se posso chamar isso de intuição. O fato é que eu me apoio mais em processos racionais, enquanto ela conta mais com suas percepções pessoais. Mas, como atinge e supera as metas que estabelece para seus negócios, aprendi a confiar também nas competências dela. E me abro a essa outra dimensão mais desafiadora para mim. Vou fazendo testes no meu dia a dia. Às vezes, uso elementos que nem sempre sei explicar, calcular ou estruturar logicamente, mas que acabam oferecendo bons resultados. Noto, por exemplo, que a ideia que nasce mais espontânea e imediata costuma ser a solução mais inovadora para um problema. E meu perfil *problem solver* agradece.

Desde o início do nosso namoro, por exemplo, foi ela quem estimulou em mim a capacidade de empatia — o que, naquela época, eu chamava de "desconfiômetro". Para mim, é relativamente fácil decidir o que quero e como vou chegar lá. Às vezes, porém, o ímpeto realizador é tão poderoso que, ao longo da jornada, acabo me esquecendo de mim mesmo e dos outros. É por isso que admiti no capítulo 2: corri o sério risco de me tornar um daqueles líderes do tipo "trator". Ainda bem que, além da contribuição da minha mãe, recebi e assimilei também a da minha esposa. Desde os tempos de namorada, é ela quem — enfaticamente — me mostra que não posso me esquecer dos outros. Os outros querem ser ouvidos. Os outros têm o que contar. Os outros podem contribuir. Os outros precisam estar engajados e motivados — ou seja, felizes.

O efeito benéfico dessa nossa complementaridade ficou logo evidente. Lá por volta do ano 2000, quando assumi minha primeira

posição de supervisor, minha mãe me libertou para que eu pudesse exercer meus próprios critérios de valor e justiça em relação aos quatro "amigos" que faziam parte da minha nova equipe de trabalho.*
Enquanto isso, minha (então) namorada me ajudou a perceber que a empatia viabilizava uma convivência mais harmoniosa entre o líder bom e o bom líder. E fui aprendendo que, além de oferecer o meu melhor, com empatia eu também conseguia receber o melhor das outras pessoas. Por isso, desde que assumi como gestor, há quinze anos, sempre mantive com minha equipe dois tipos de iniciativa: um canal de comunicação olho no olho e uma ação de reconhecimento.

Depois de conseguir "enquadrar" os amigos nos meus critérios profissionais de gestor iniciante, estar próximo, dialogar, criar confiança e gerar credibilidade com uma equipe de quatro pessoas foi relativamente simples. Já em relação ao reconhecimento, não havia na empresa um programa oficial: então, criei o meu. Todo mês, fazíamos uma breve votação e o colaborador com o melhor desempenho ganhava um par de ingressos de cinema. Eu usava o meu dinheiro, não o da empresa, porque esse processo não fazia parte da política corporativa. O importante, porém, é que essa pequena ação provou ser capaz de nos manter unidos, motivados e trabalhando mais engajados e felizes.

Naquele momento, eu estava compreendendo a importância fundamental dos outros na realização de cada projeto. Estava começando a perceber que o melhor líder é aquele capaz de sair de cena, deixar de ser o centro das atenções para se tornar o facilitador do sucesso dos outros. O melhor líder é o que oferece o seu melhor e tem humildade para receber o melhor dos outros. Esse é o líder capaz de formar e manter em ação uma equipe de alto desempenho, com colaboradores autônomos e protagonistas do próprio sucesso. É esse tipo de equipe que meu amigo Oscar Motomura**

---

* Lembra? Já contei esse episódio no capítulo 2.
** Oscar Motomura, fundador e CEO do Grupo Amana-Key, organização especializada em inovações radicais em gestão, estratégia e liderança. Para saber mais, acesse: www.amana-key.com.br.

chama de caórdica.* Hoje, tenho consciência de que eu já estava buscando, desde 2001, uma nova maneira de administrar negócios na qual as pessoas pudessem ser mais felizes e as operações, mais lucrativas. Desde então, venho cultivando a semente de uma nova Filosofia de Gestão.

Direto ao ponto

- Se você é bastante ansioso, tente equilibrar melhor a razão e a emoção. Bem canalizada, a energia da ansiedade pode ser muito positiva.
- Não pule de galho em galho. Procure ficar quatro anos, em média, em cada emprego. Assim, você tem tempo para cumprir o ciclo: aprender, aplicar, aprimorar e apresentar resultados.
- A dimensão racional e a emocional são complementares e absolutamente compatíveis. O equilíbrio entre as duas possibilita a convivência entre o bom líder e o líder bom.
- "É mais fácil pôr freio do que motor." O protagonista da própria vida segue em frente sem precisar que ninguém o empurre. Já quem se condena à paralisia, não se mexe nem com a energia de dez guindastes.
- Ao dar um feedback específico, sempre encerre a conversa dizendo algo como: "Eu lhe ofereci o melhor de mim e disse tudo o que penso. Mas essa é a minha verdade. Ligue o filtro e pegue o que for útil para você".

---

* Prefaciando o livro *Nascimento da era caórdica*, de Dee Hock (São Paulo: Cultrix, 2014), fundador e CEO emérito da Visa, o próprio Oscar Motomura dá a definição do termo caórdico: "Uma forma de convivência em que todas as partes relevantes têm voz e atuam em conjunto para fazer o todo funcionar — cooperando no que é essencial para todos (o que dá *ordem* ao sistema) e, ao mesmo tempo, competindo criativamente nos aspectos mais periféricos e específicos (o lado do 'caos criativo'), a base do conceito de organização caórdica".

- Os momentos de ócio criativo são ideais para planejar como fazer um sonho se tornar realidade. Planeje sua carreira, por exemplo, quando estiver bem relaxado e com a cabeça aberta.

- Seu plano de carreira deve contemplar sempre as competências técnicas e as comportamentais. As duas progridem lado a lado.

- Conforme avança na carreira, você vai precisar cada vez mais das competências comportamentais e cada vez menos das técnicas.

- Nem tudo acontece como foi planejado. Por isso, nas turbulências, identifique as oportunidades e aproveite-as.

- "Mudança de ares" só traz benefícios: amplia seu conhecimento do negócio, abre novas perspectivas e estimula a autoconfiança.

- Sempre aceite o desafio de ir trabalhar na área em que a empresa mais precisa das suas competências para resolver um problema específico. Os profissionais com perfil *problem solver* crescem rapidamente.

- O melhor líder oferece o seu melhor e recebe o melhor dos outros. Assim, ele desenvolve e atrai os colaboradores com alto desempenho, com autonomia e que são protagonistas do próprio sucesso.

CAPÍTULO 4

A raiz do compartilhamento

O que chamo hoje de "semente" da nova Filosofia de Gestão é, na verdade, uma espécie de inquietação que sinto dentro de mim. Sempre tive a convicção de que era possível fazer diferente. E essa diferença, na minha opinião, era conseguir realizar todos os meus projetos com mais eficiência, mais qualidade e mais lucro. E, ao mesmo tempo, fazer todo mundo ao meu redor mais feliz — incluindo eu mesmo. Esse era o sonho do garoto. E, aos poucos, foi se tornando o projeto de vida do adulto. Meu objetivo é gerar, multiplicar e dividir felicidade. Na minha vida, individualmente, a questão até que já estava bem equacionada. Mas, aplicada ao mundo corporativo, em 2004, eu ainda não tinha a menor ideia do QUE era nem de COMO fazer isso... Eu só achava ridículo — e meio improdutivo — o modelo corporativo mais tradicional e conservador. Ficava irritado por me sentir submisso e sem alternativas: nenhum modelo de negócio parecia satisfazer integralmente minhas expectativas.

Vale dizer também que, apesar de jovem, eu já tinha consciência de que, entre as minhas competências, não estava o perfil de empreendedor. Conheço muitas pessoas, inclusive minha própria esposa, como já contei no capítulo 3, que sentiram a mesma inquietação que eu. Só que foram mais talentosos e tiveram a coragem de abrir o próprio negócio. Com espírito empreendedor, tenho vários amigos que foram capazes de sonhar, acreditar e prosperar. Entre eles está

Diego Torres Martins,* que fundou em 2007 a Acesso Digital e já se tornou uma dupla referência no mercado — a expansão dos seus negócios é contínua e a empresa também está entre as melhores para se trabalhar no Brasil. Eu, por minha vez, sei que não tenho esse dom. E, por isso, sou um quase refém no mundo dos mortais, aqueles que vão trabalhar a vida inteira no empreendimento alheio. Mas não considero que isso seja uma condenação. É apenas o reconhecimento racional de que meu melhor talento é aprimorar uma empresa que já existe, e não tirar do zero um novo negócio.

Consciente desse meu limite, eu continuava a desenvolver minha perspectiva teórica e prática em gestão, mas, ao olhar em volta, não conseguia identificar exemplos a seguir. Claro que havia, no Brasil e no exterior, empresas com características bastante admiráveis: muitas apresentavam indicadores relevantes de rentabilidade, eficiência, qualidade e/ ou sustentabilidade; outras tantas detinham marcas sólidas, duradouras e invejáveis; e algumas, além disso, podiam se orgulhar da credibilidade conquistada pela prática de princípios e valores consistentes e coerentes. Não existe dúvida de que havia — e há — referências empresariais relevantes. Ainda assim, eu sentia falta de alguma coisa. Para mim, parecia que todos esses aspectos admiráveis eram qualidades isoladas. Quando eu buscava informações mais aprofundadas sobre o modelo adotado por uma ou por outra companhia, sempre acabava meio frustrado. Minha inquietação interna continuava insatisfeita e inabalada.

Para tentar explicar o que eu sentia naquela época, melhor exemplificar. Vamos supor que a empresa xyz tivesse apresentado durante uma década os melhores índices de rentabilidade de seu setor de atuação. Diante dessa informação tão positiva, eu buscava dados para tentar aprender mais a partir daquele bom modelo. No entanto,

---

* Se quiser conhecer um pouco mais da história de empreendedorismo de Diego Torres Martins, leia o capítulo sobre ele no livro *#VQD: Vai que dá! — Dez histórias de empreendedores que transformaram sonhos grandes em negócios de alto impacto*, organizado por Joaquim Castanheira (São Paulo: Potfolio-Penguin, 2014). É legal também assistir ao depoimento dele para o Endeavor Brasil, disponível em: <endeavor.org.br/sonhogrande-diego-martins-acesso-digital/>. Acesso em: 29 jul. 2015.

lendo relatórios públicos e conversando com as pessoas do setor específico, eu também costumava descobrir, por exemplo, que: 1) o investimento em campanhas de marketing era incrivelmente alto, capaz até de transformar produtos razoáveis em campeões de vendas, o que tornava a gestão de marcas de fato poderosa; 2) quase sempre a estrutura de gestão era bem hierarquizada e — pelo menos, por enquanto — a busca por resultados de curto prazo proporcionava boa lucratividade. Sob o ponto de vista ético e social, porém, havia decisões questionáveis, que poderiam comprometer a sustentabilidade do negócio; 3) a tabela salarial comparativa indicava que a XYZ pagava cerca de 15% acima da média do seu setor; e 4) mesmo assim, na pesquisa de clima interno, a maioria dos colaboradores afirmava estar insatisfeita com a empresa, sobretudo no que se referia à remuneração.

Quando via um caso parecido com o da hipotética XYZ, minha frustração crescia e a inquietude voltava. Para mim, uma questão em especial chamava a atenção. Analisando os tópicos 3 e 4 listados acima, eu percebia uma dissonância clara: a contradição entre satisfação no trabalho e remuneração recebida é muito, muito comum mesmo, em várias companhias de diversos setores, e não apenas no Brasil. Como a XYZ podia praticar salários acima da média do mercado e esse ser, justamente, um dos pontos de maior insatisfação dos colaboradores? Além do mais, isso significava que a maioria não sentia orgulho em trabalhar em uma organização com resultados tão positivos para apresentar ao mercado? A principal preocupação continuava a ser o salário — e só o salário? Por que motivo os profissionais da XYZ se guiavam principalmente pela recompensa financeira? Por que a companhia não conseguia mantê-los engajados e motivados?

Entre 2004 e 2011, em minha busca pelas melhores práticas e por teorias que sustentassem meus sonhos, pesquisei e encontrei muitas outras referências. Mas sempre acabava me sentindo frustrado. Às vezes, tinha vontade de desistir, enviar um currículo para minha esposa e ir ajudar a administrar a empresa dela. Mas fui resiliente e segui em frente. De vez em quando me animava. Estava diante de outra referência positiva. Mas depois, avaliando melhor a companhia, percebia que, naquela época, o que estava pegando era, por exemplo, a qualidade da prestação de serviços — o que considero ainda mais grave. Se a insatisfação dos colaboradores mata aos poucos um negócio, a dos clientes pode matá-lo instantaneamente!

Vamos supor que a também hipotética empresa ABCD apresentasse indicadores muito positivos de desempenho. Só que o fator decepcionante era o grau de insatisfação dos consumidores com seus produtos e serviços de pós-venda. Como explicar que um negócio tão complexo e lucrativo pudesse não resultar também em clientes plenamente satisfeitos? Para mim, isso não era lógico. Tudo acabava sempre no mesmo ponto — as pessoas. Quando será que os líderes corporativos vão compreender que as pessoas são o começo, o meio e o fim e que estão no centro de todos os negócios? São as pessoas que criam, produzem, vendem, consomem...

Ouvir e agir com interesse genuíno

Por tudo isso, minha inquietação interna continuava lá: eu observava, refletia e tentava entender DO QUE sentia falta nos modelos tradicionais de gestão. Algumas ideias já começavam a se organizar, mas eu queria definir contornos mais nítidos DO QUE eu estava buscando. Em minha opinião, só identificando bem o problema é que eu poderia tentar propor uma solução. Então, enquanto não encontrava minhas melhores respostas para todas aquelas questões, como líder novato, ia colocando em prática meus próprios critérios e valores. Um deles era manter aberto um canal de escuta ativa* com todos os colaboradores da minha equipe.

No começo, logo que me tornei gerente, percebi que a maioria das pessoas não estava acostumada à possibilidade de "conversar com o chefe". Eram tímidas ou ficavam intimidadas. O fato é que

---

* Para mim, escuta ativa é sinônimo de ouvir, processar a informação cuidadosamente e agir com interesse genuíno.

grande parte preferia mesmo era manter o silêncio. No fundo, acreditavam que haveria punições — para quem falasse, para quem não falasse ou para quem falasse o que devia ou o que não devia. É complicado tentar dialogar com quem tem medo de se expor. Por mais que eu me esforçasse, a conversa não fluía facilmente. Eu enfrentava resistências, temores, desconfianças — só porque era "o chefe". Essa reação é típica da falta do hábito de dialogar, resultado da hierarquia vertical imposta pelo modelo tradicional de administração.

Há quem diga que "não se leva problemas do trabalho para casa". Sou exatamente o oposto. Levo minhas ideias e analiso novas possibilidades, falando com minha esposa. Por isso, naquele momento, em muitos de nossos jantares, a conversa girou em torno da dificuldade de dialogar com a minha equipe. E foi ela quem acabou me dando a sugestão: "Que tal oferecer a eles a possibilidade do anonimato?". Como assim? Então, ainda na época em que estava como gerente de compras,* acabei ressuscitando a famosa caixinha de sugestões. Fiz um formulário-padrão. Bastava a pessoa escrever ali o que tinha para dizer sobre tudo o que quisesse: ideias, críticas, perguntas, dúvidas, reivindicações. Ou seja, tudo liberado, podia soltar o verbo. Anonimamente ou não. Podia até levar para redigir no computador de casa (os mais ressabiados tinham medo até de que eu reconhecesse a letra deles).

A caixinha foi uma solução simples e eficiente. Bem do jeito que eu gosto. Meu compromisso de líder era "ouvir" e dar respostas consistentes a todas as "expressões" depositadas ali. E bem depressa.** Eu recolhia os formulários e pensava a respeito de cada questão. Depois, publicava as respostas em nossos bate-papos, o que hoje chamamos de Desc — Diálogo Estratégico de Segurança e Comportamento —, com duração de dez minutos diários. Uma vez por mês, fazia ainda um bate-papo presencial com a equipe. Olho

---

*   Essa parte da história já foi contada no capítulo 3.
** Até hoje tento ser bem ágil nas respostas, mantendo o nível de serviço SLA — *service level agreement*, ou, em português, acordo de nível de serviço — de, no máximo, 24 horas.

no olho, mas coletivamente. Eu procurava oferecer o meu melhor em cada resposta. Nada ficava sem retorno. Além disso, as ideias e sugestões eram debatidas entre TODOS nós. E, quando se mostravam viáveis, eram postas em prática com efetividade — e bem depressa, para ninguém perder o entusiasmo.

Apesar de o meu desejo ser a transparência total, a chance de ficar anônimo realmente fez diferença para a participação dos colaboradores. O anonimato os tirou da inércia. Ficaram tanto tempo sem falar, que tiveram de reaprender. Foi interessante observar o processo de engajamento gradual e espontâneo de todos. Aos poucos, cada um começou a dar a sua colaboração de forma aberta. Ou seja, em vez de continuar a agir apenas como funcionários, iam se tornando de fato colaboradores. Em compensação, eu os ouvia e agia com interesse genuíno. Sempre.

Com aquela tal "caixinha" de sugestões, fiz também outra descoberta importante. Apesar da simplicidade do método, ali estava também uma ótima ferramenta de inovação. Foi a partir de uma ideia apresentada por um colaborador que criamos a área de importação na empresa. Ele identificou a oportunidade e compartilhou com todos. Somada às contribuições das demais pessoas da equipe, a ideia se tornou um plano muito bem estruturado. O projeto foi aprovado pela diretoria e implementado. Melhor ainda: a área de importação foi elaborada e entrou em operação sem a necessidade de contratar nenhum profissional do mercado. Já tínhamos, dentro da área de compras, todos os talentos e competências de que precisávamos. Em compensação, também houve, sim, alguns recrutamentos internos, promoções, aumentos salariais e muito entusiasmo compartilhado. É assim que se valoriza e se reconhece as pessoas que mergulham nos desafios. Como sempre, tive também o apoio da minha esposa, que, depois de se formar, como já contei, criou uma empresa de comércio exterior.

Foi com essa experiência que aprendi todo o poder de um bate-papo franco entre o líder e sua equipe. Os resultados, além de imediatos, são duradouros. Naquele momento, o que nenhum de nós podia imaginar, por exemplo, é que a área de importação seria vital para viabilizar, em 2010, o processo de modernização operacional da empresa. Com ela, trouxemos equipamentos para transformar nossa operação. Foi um marco: o novo patamar tecnológico possibilitou ganhos de eficiência e rentabilidade para o negócio e nos tornamos referência nessa atividade no Brasil. E tudo isso começou com um papelzinho colocado de forma anônima na caixinha de sugestões por uma pessoa disposta a colaborar...

Só que, para mim, o mais incrível ainda é que a autoestima daquele time se transformou positiva e definitivamente. Surgiram ali sucessores talentosos, capazes de revolucionar várias vezes a área de compras e importação da empresa nos últimos dez anos. É um dos maiores celeiros de talentos que já vi e, ainda por cima, mantém ano a ano o clima organizacional em 100% de satisfação. E olha que já houve a renovação quase total da equipe de colaboradores ao longo dessa década. Também tem havido ali, com certeza, o que qualifico de TURNOVER DO BEM:* as pessoas se integram e depois logo são promovidas para outras áreas. Isso é contagiante.

Liderar não é ser "bonzinho"

Sempre acreditei no valor dos relacionamentos baseados no respeito e no interesse genuíno entre as pessoas. Era um sentimento natural. Meus impulsos mais espontâneos iam nessa direção. Só que eu não tinha consciência da importância prática disso até aplicar a ideia da caixa de sugestões na área de compras, logística e qualidade. Depois de tal episódio, minha racionalidade se apropriou do método e criou uma das minhas regras de ouro: "O líder afetivo conquista os resul-

---

* O que chamo de TURNOVER DO BEM é a promoção de colaboradores para outras áreas da empresa com a preparação prévia da sucessão pelo líder por meio de programas corporativos e de autodesenvolvimento. Fazemos ainda a total gestão do conhecimento, além do recrutamento adequado para o preenchimento da posição anterior. Para a manutenção da cultura organizacional, em média, 90% do nosso recrutamento é interno e 10% no mercado, a fim de que ocorra a colocação de novos exemplos no ambiente.

tados mais efetivos". Por favor, não cometa o equívoco de imaginar que estou falando em ser "bonzinho" ou paternalista, como dizem os especialistas de recursos humanos. O melhor líder não é condescendente, não deixa para lá, não esquece, não finge que não viu. Para mim, o melhor líder é aquele que tem interesse genuíno pela pessoa e, por isso, respeita e estimula as competências de cada colaborador. Todo indivíduo é inteligente e capaz de fazer tudo aquilo que quiser. O desejo de realizar é sua própria força motriz.

Quer ver, em minha opinião, outro exemplo de líder nada bonzinho, mas afetivo e efetivo? Já há alguns anos, admiro o maestro Benjamin Zander.* Você o conhece? Se ainda não leu ou viu nada sobre ele, vou lhe contar algumas das razões pelas quais eu me interessei por Zander. Em suas palestras, ele costuma contar que um dia se deu conta de que, em uma orquestra, "o maestro é o único que não emite nenhum som". No entanto, é dele a responsabilidade de tirar o melhor som de cada músico. Então, o maestro precisa saber liderar: oferecer o seu melhor para tirar o melhor do outro. E como age o melhor líder na opinião de Zander? "O líder mais bem-sucedido é aquele com mais pessoas ao seu redor com os olhos brilhando de alegria."

Para inspirar alguém a ir atrás da própria felicidade, é preciso ser condescendente ou bonzinho? Não. Basta ver um vídeo que circula na internet no qual Zander aprimora a performance de um violoncelista de quinze anos chamado Nikolai.** Vou descrever e comentar alguns trechos desse vídeo, porque são de fato um bom exemplo. Nikolai sobe ao palco, visivelmente intimidado pela plateia, para um "ensaio" com Zander. O maestro mostra seu interesse pelo garoto e pergunta como ele se sente por tocar diante de tanta

---

* Benjamin Zander é maestro e diretor musical da Boston Philharmonic Youth Orchestra. Especialista em estimular a melhor performance de cada músico, tornou-se também palestrante e, com sua esposa, escreveu o livro *A arte da possibilidade* (Rio de Janeiro: Campus, 2001).
** Assista ao vídeo de Zander transformando o desempenho do violoncelista Nikolai, de quinze anos. Disponível em: <youtube.com/watch?v=8bJNw91QyyM>. Acesso em: 9 abr. 2015.

gente. Nikolai está tão nervoso que não é capaz de elaborar o raciocínio. Como muitos de nós no início da carreira, chega a dar uma gaguejada. Só admite que é mesmo um grande público. Zander não nega nem procura diminuir o impacto da responsabilidade sobre o adolescente. Ao contrário, aumenta o desafio. Rindo de forma afetuosa, lembra a Nikolai que, se ele considerar as câmeras de televisão que estão ligadas ali, a plateia é muito maior: na verdade, milhões de pessoas. Como líder, o maestro acredita na capacidade de Nikolai. O garoto não precisa de colo; precisa de estímulo e orientação para dar o seu melhor.

Em seguida, Nikolai executa um movimento de uma das obras de Bach. Ao final, a plateia aplaude de maneira educada. A performance não teve realmente nada de brilhante. Porém, um grupo de umas trinta pessoas resolve bater palmas em pé, louvando o desempenho do garoto. Enquanto pega uma cadeira para se sentar bem próximo de Nikolai e conversar olho no olho, Zander dá risada e afirma que "aquelas pessoas são certamente muito calorosas e generosas". O público também reage rindo, porque todo mundo sabe que a interpretação do adolescente não merecia ser aplaudida em pé. E o maestro diz isto para Nikolai: "Você sabe que cometeu um erro. Eu vi quando você encolheu o corpo e franziu a testa". Com toda a simpatia, bom humor e afeto, Zander coloca os fatos reais diante do garoto. Depois, dá a ele diretrizes assertivas e objetivas até tirar a melhor performance daquele jovem violoncelista. Tudo isso acontece em menos de quinze minutos: vale a pena ver. É interessante: cada pessoa já tem todo o seu potencial instalado e só ela própria pode abrir seu estoque de talentos. O bom líder pode apenas acelerar o processo.

Quando terminei de assistir pela primeira vez a essa palestra de Zander, eu me perguntei: por que aquele grupo achou positivo aplaudir em pé um desempenho medíocre? E cheguei à conclusão de que, com certeza, acreditaram que assim dariam um estímulo mais forte ao desenvolvimento musical de Nikolai. Essas pessoas fazem o tipo do "líder bonzinho". É, por exemplo, como aquele pai ou aquela mãe que sempre deixam o filho vencer. Toda brincadeira tem de acabar com a vitória da criança. É como aquele chefe que faz avaliação de desempenho com feedback genérico.* Ele quer que o funcionário goste dele. Não dá respostas claras, diretas e específicas. O líder "bonzinho" põe panos quentes porque não se interessa genuinamente pelo desenvolvimento do indivíduo. Quem acredita na capacidade do outro demonstra consideração. Age com afeto e respeito, mas oferece feedbacks específicos. Da mesma forma que o maestro fez com Nikolai. Quando bem orientadas, é inacreditável o que as pessoas são capazes de realizar — com disposição e disciplina. Basta que despertem do sono e saiam da inércia. É por essas e outras razões que considero Benjamin Zander um maestro admirável.

Evoluir sem perder a simplicidade

A partir do dia em que percebi o quanto a caixinha de sugestões contribuía para a qualidade do clima e para os resultados gerais da minha área, nunca mais parei. Eu ficava sempre pensando COMO poderia aperfeiçoar o diálogo com meus colaboradores. Naquela época, ainda acreditava que meu principal obstáculo era a falta de tempo. Tinha muitas responsabilidades, atribuições e centenas de reuniões. Achava que estava sempre sobrecarregado. Em minha opinião, se tivesse mais agenda disponível para conversar, os resultados da equipe seriam ainda melhores. Aprendi mais tarde, no entanto, que a falta de tempo é apenas mais um dos disfarces da nossa própria inércia. Como diz um amigo meu: "Quem sabe, faz; quem não sabe, convoca uma reunião para dividir a culpa por não fazer nada".

Por isso, pouco a pouco, fui administrando minha agenda. Na verdade, encontrei tempo para liderar, para colocar em prática a escuta ativa. Como gestor, minha prioridade passou a ser meus co-

---

* Já falamos detalhadamente sobre a diferença entre feedback genérico e específico no capítulo 2, lembra?

laboradores. Ao valorizar as pessoas e direcioná-las com interesse genuíno, melhores resultados começaram a aparecer. Não é para isso que as empresas remuneram os chefes? Sob esse ponto de vista, também me sinto em boa sintonia com Tom Peters, com quem tive a oportunidade de palestrar lado a lado em um seminário.* Ele costuma enumerar uma série de atributos dos melhores líderes e diz: "Se você é o chefe, não está sendo pago para ser o melhor vendedor ou o melhor contador. Está sendo pago para DESENVOLVER os melhores vendedores ou contadores...".** Exatamente como faz o maestro Ben Zander: nos concertos, ele não toca nenhum instrumento nem fala nada. É nos ensaios que "conduz" seus músicos até a melhor performance diante da plateia. Tom Peters já faz essa afirmação há décadas e está na hora de a gente acreditar e praticar.

Depois que consegui conquistar a confiança e a credibilidade dos colaboradores, eles não tinham mais temor de se expressar diante de mim. A partir daí, estabeleci uma dinâmica de diálogo própria para a minha área, que, nessa época, já contava com umas quarenta pessoas. Eu ia recolhendo as ideias, sugestões e críticas. Primeiro, analisava cada uma delas — a pertinência ou não. Depois, fazia uma reunião com todos — sem exceção — para conversar sobre tudo o que havia sido proposto ao longo de cada mês. Quando digo tudo, é tudo mesmo. Nunca varri nenhuma questão para baixo do tapete, mesmo se fosse constrangedora, dura ou o que quer que fosse. Eu preparava uma apresentação para essa reunião mensal. Projetava tópico por tópico em um telão a fim de dirigir a conversa. Para mim, era o melhor jeito de não perder a objetividade. E o mais importante: de não deixar passar em branco nenhuma questão, já que qualquer

---

* Ao lado do guru de negócios Tom Peters e de outros especialistas internacionais em gestão, fui palestrante do Fórum HSM Liderança e Alta Performance, promovido pela HSM em abril de 2015.

** Se você não conhece os atributos de líder propostos por Tom Peters, assista a uma de suas entrevistas na qual ele discorre sobre o tema. No vídeo que sugiro a seguir, você perceberá que, em relação à liderança, temos realmente vários pontos em comum — os quais tenho ousado pôr em prática e até propor alguns adendos. Disponível em: <youtube.com/watch?v=3n7L9iiOTT0>. Acesso em: 11 abr. 2015.

esquecimento poderia atingir em cheio a minha credibilidade recém-conquistada.

O diálogo com minha equipe havia sido consolidado, mas eu ainda não estava satisfeito. Sabia que podia melhorar. Eu me deparava de novo com aquela antiga sensação de inquietude, até que, em 2006, assisti a um palestrante que me encantou... Para conversar e interagir com a plateia, ele não usava uma apresentação formal projetada no telão. A conversa soava menos artificial. O orador passou seu recado com uma enorme naturalidade. Mesmo habituado aos rituais corporativos, para mim aquilo era uma grande novidade. Será que eu conseguiria conversar sem me apoiar em uma apresentação com tópicos? Será que eu seria capaz de fazer essa mudança no meu estilo? Isso mesmo, o palestrante não usava apresentações eletrônicas. Apenas falava, em tom de conversa afetuosa e atenciosa. Não era aquela coisa estática, em que todo mundo fica olhando para a tela iluminada na parede.

Incorporei essa prática ao meu dia a dia, e a interação ficou muito mais natural e calorosa. Apesar de já ter me tornado adepto, fui atrás, então, de mais informações sobre a técnica e, nessa busca, descobri o *storytelling*.* Parecia que a técnica da narrativa tinha caído do céu para mim: nunca mais usei apresentações formais para dialogar com meus colaboradores — que, em 2006, já formavam uma equipe com umas 120 pessoas. Atualmente, só me apoio em tópicos projetados em telão quando faço palestras para plateias muito grandes ou desconhecidas por completo. Para mim, hoje, as proje-

---

* "*Storytelling*, ou contar histórias, parece ser algo natural, em particular para grandes líderes. Apesar disso, até recentemente a ciência administrativa deu pouca atenção a esse fenômeno. Isso vem mudando tanto no campo teórico como no prático. No contexto da gestão do conhecimento, além de certa frustração com grandes projetos de codificação de conhecimento e transferência de conhecimento por meio de tecnologia da informação, há um reconhecimento da importância crucial das histórias para a transferência de conhecimentos complexos, contextos, *weltanschauung* [visão de mundo] e valores culturais." A definição, apresentada no artigo "*Storytelling* como ferramenta de gestão", é de José Cláudio Cyrineu Terra, consultor, autor e professor da FIA-USP. Disponível em: <biblioteca.terraforum.com.br/BibliotecaArtigo/Storytelling%20como%20ferramenta%20de%20gest%C3%A3o.pdf>. Acesso em: 10 abr. 2015.

ções em telão são quase como um esconderijo, no qual me acomodo quando vejo tanta gente à minha frente. Porém, quando se trata das pessoas da minha equipe, opto pela simplicidade total. Converso com a mente e o coração abertos. Dou meu recado com sinceridade e espontaneidade. Não vejo problemas nem em cometer alguns erros e assumi-los. Procuro ainda dar exemplos da convivência em família para consolidar e tornar legítimo o tipo de diálogo franco, interessado e dedicado que mantenho com as pessoas do meu time. Estou gostando cada vez mais dos resultados. As pessoas ficam mais próximas e a confiança se fortalece.

A régua da sinceridade

Gradativamente, fui desenvolvendo minha própria metodologia de escuta ativa e diálogo com toda a equipe. Outro ponto que passou por mudanças evolutivas ao longo do tempo foi o feedback. Não estou me referindo aqui àquela conversa individual, que encerra o ciclo anual do processo de avaliação de desempenho,* comum nas melhores empresas. Estou falando agora daquele retorno que o líder dá ao colaborador nas interações diárias. Seja, por exemplo, durante a discussão em grupo de um projeto, seja nas nossas sessões mensais de diálogo. No começo, eu oferecia a cada um o meu melhor multiplicado ao máximo. Com toda a educação e respeito, claro, mas eu era sincero para valer. Na frente de todo mundo. De repente, notei que algumas pessoas pareciam estar ficando magoadas.

Flagrei meu erro quando percebi que estava perdendo a adesão de alguns profissionais-chave. Por causa desses feedbacks extremamente sinceros, alguns integrantes da equipe voltaram a ficar meio ressabiados. Isso eu não queria. Então, tive que refletir um pouco. Meu compromisso com cada colaborador era oferecer o melhor de mim. Não ia mudar nesse ponto. Percebi que a questão, de fato, es-

---

* Desse tipo de feedback já falamos no capítulo 2.

tava na dose. Como é que eu poderia calibrar o grau de sinceridade mais adequado para cada pessoa? Eu queria dar o melhor de mim nos feedbacks, porém na dose certa. Precisava respeitar as individualidades. Mas como fazer isso? Como encontrar e aplicar a dose exata para cada pessoa? Parecia tão complexo...

Pensei e repensei, até que, mais uma vez, a solução surgiu da simplicidade. Criei uma "régua" para nossos feedbacks públicos. Antes de fazer qualquer comentário ou dar um retorno, passei a apenas perguntar de maneira direta para a pessoa. Hoje, parafraseando meu pai antes de abrir a caixa de ferramentas, eu simplesmente digo: "Vamos definir nosso contrato. Em que nível deve ficar a régua da sinceridade, como você quer ser tratado? De zero a dez, quanto você quer que eu coloque meu coração no que vou lhe falar?". O colaborador diz a dose e eu procuro ficar dentro do limite de cada um. Como todo mundo sabe que mergulho fundo no que faço, no começo, uns 70% preferiam que meus comentários ficassem por volta de 7,5, e apenas uns 10% se expunham ao grau dez. É bom enfatizar que nunca desrespeito ninguém. Nem mesmo vou além da dose de sinceridade de que a pessoa deseja usufruir no meu feedback.

Quem fecha contrato comigo na régua no grau dez, porém, é realmente admirável. E, como dizem no mercado financeiro, quanto maior o risco, maior o retorno. Acabo dando mais atenção e me esforçando mais para oferecer o meu melhor para quem me dá a liberdade da máxima sinceridade. E tenho notado que cada vez mais pessoas se arriscam a me ouvir com toda a minha franqueza. Elas também abrem o coração e a mente para mim. Os colaboradores percebem que, por fim, faço uma única exigência: tem de haver vontade e motivação verdadeira. E isso leva a uma disposição natural e espontânea para se expor mais aos riscos, sair da inércia e da zona de conforto. Esse estado de espírito é que pode mudar a vida de uma pessoa. Tenho um orgulho danado daqueles que decidem lutar, mesmo sabendo que nem sempre vão vencer.

Às vezes, alguém me diz: "Márcio, tenho a maior vontade de vencer e quero ser gerente daqui a, no máximo, dois anos". O.k., eu acredito. Sempre acredito no potencial e na capacidade de todo mundo. Mas, então, nós continuamos a conversar e aquela mesma pessoa me afirma: "Ah... mas não quero mudar de cidade, não quero mudar de área, não quero me expor às respostas mais sinceras sobre meu trabalho, não quero... não quero... e mais não quero...". É apenas um "quero" para um punhado de "não quero". Assim fica muito desequilibrado. A negatividade domina e impõe tantas condições e barreiras que vai ficando difícil aquela pessoa ser a próxima da fila nas oportunidades de promoção. Nesse caso, tento mudar a cabeça dela. Digo que o mundo já coloca barreiras demais na nossa vida. Então, nossa missão é eliminá-las, e não criar novos obstáculos. Mesmo assim, tem gente que não muda. Parece que não entende. Nessas horas, admito, paro de somar o meu melhor ao meu máximo nos feedbacks. Isso não é disposição e motivação; é ficar na zona de conforto, esperando que a promoção caia do céu. E, ainda por cima, já pronta para atender toda aquela lista de exigências. Isso é "agir igual e esperar um resultado diferente". É como apertar a letra A no teclado e esperar um B aparecer na tela. Como diz a moça da geração Y: "não rola". Como a fila é grande, vou rapidinho para o próximo. Minha análise é simples. Meu foco está direcionado para quem acredita e quer ser efetivo.

Com a cabeça nas nuvens

Como não encontrava modelos prontos que se ajustassem aos meus sonhos, desde o sucesso da minha caixinha de sugestões, fui aplicando outros métodos empíricos até chegar às tecnologias de interatividade para manter canais de escuta ativa com minha equipe de colaboradores — sejam quatro, quarenta, 120, sejam quase 4 mil pessoas, como são atualmente. A partir do momento em que consegui entender o valor de ouvir e agir com interesse genuíno, todas as demais iniciativas foram se estruturando. Ainda em 2006, pondo em prática meus valores e critérios de líder, eu tinha conseguido evoluir bastante. Os resultados de todas as áreas sob minha gestão eram sem dúvida muito positivos — tanto para os colaboradores quanto para a empresa.

Quem trabalhava comigo demonstrava entusiasmo. Cada pessoa dava o melhor de si no dia a dia. E a soma dessa dedicação fazia a felicidade de todos. Mas eu queria mais. Eu sonhava com um projeto maior. Ainda era um sonho, mas sentia que já havia dentro de mim algumas convicções novas. Aquela "semente" germinava e estava em terreno fértil. Lembro-me perfeitamente do dia em que surgiram as primeiras raízes. Foi durante um voo para Dallas, no Texas (EUA), onde fui participar de um evento internacional do setor de energia elétrica.

Conforme fui avançando na carreira, as viagens se tornaram mais constantes — em particular as internacionais. Um dos inconvenientes, porém, é que não me sinto de fato confortável em voos, especialmente nos mais longos. Eu estou lá, parado, planando nas alturas, e nada está sob meu controle. Então, para relaxar, aprendi a dar asas aos meus sonhos. Já perdi a conta das vezes em que aproveitei as longas horas de deslocamentos internacionais para esboçar ideias. E foi assim que peguei um cartão de embarque e comecei a descrever o novo projeto: eram as primeiras diretrizes para a nova Filosofia de Gestão. Tenho esse cartão guardado até hoje.

Lá estão anotados, pelo menos, dois fundamentos básicos da nossa Filosofia de Gestão: 1) ninguém é dono de nada, temos de SER e não TER; e 2) tudo o que for criado, qualquer novo conhecimento será compartilhado com todos e por todos. Atualmente, quando as pessoas me conhecem pessoalmente depois de uma palestra ou de algum evento corporativo, a maioria delas logo pergunta: "Você chama seu modelo de gestão de filosofia, é isso?". Não, não é. Em primeiro lugar, porque não é meu; é NOSSO. E, em segundo, chamo de filosofia porque não é um modelo teórico; é um conjunto de práticas que leva à felicidade — tudo se baseia no respeito e na valorização das pessoas. É exatamente por isso que também não tem um dono: é de todos os que decidirem usá-la. O foco da nossa filosofia de gestão é a felicidade e a prosperidade — das pessoas e dos negócios.

Não resta a menor dúvida de que, em setembro de 2011, quando assumi a posição de CEO, contávamos na empresa com um modelo de gestão tradicional e muito eficiente. Mais uma vez eu estava convicto, porém, de que era possível melhorar. Não desfrutávamos, por exemplo, das vantagens competitivas que a nova Filosofia de Gestão poderia nos oferecer. Admito que, logo no início, minhas propostas inovadoras causaram um ligeiro choque. Um ano depois, no entanto, quando já foi possível começar a mensurar os resultados, as resistências foram sendo derrubadas uma a uma. Como explicar que nosso indicador de qualidade tenha aumentado 15% sem investimento adicional de um ano para outro? Aquele era um dos primeiros frutos da nossa filosofia posta em prática em favor de todos.

Nos próximos capítulos, vou detalhar cada um dos pilares que sustentam a nossa Filosofia de Gestão. Além de praticadas no dia a dia da empresa, essas ideias têm sido compartilhadas com outros empresários e empreendedores. Nos últimos anos, todos os que nos contataram na expectativa de realizar benchmarking* foram atendidos. Nessas rodadas de compartilhamento,** observo como nossa Filosofia de Gestão é poderosa: mais do que alavancar o grau de eficiência dos negócios, é capaz de transformar vidas — do operário no chão de fábrica aos diretores ou sócios. Quando vejo isso acontecer diante dos meus olhos, em vez de me dar por satisfeito, minha eterna inquietude me cutuca: quer que eu compartilhe nossa Filosofia de Gestão com um número cada vez maior de pessoas. Por isso mesmo, não tive sossego até decidir escrever este livro para compartilhar com você a origem de tudo o que aprendi e coloco em prática até agora. Então, fica aqui meu convite: leia os próximos capítulos com o coração e a mente abertos; depois, coloque em prática e compartilhe conosco sua experiência.***

---

* Benchmarking: processo de avaliação e busca das melhores práticas empresariais para incorporá-las aos próprios métodos de gestão e operação, com o objetivo de aperfeiçoar e elevar o patamar de desempenho.
** Para compartilhar aprendizados e agregar valor recíproco, criamos o Fórum BPIS (*believe, practice, improve, share*) para receber pessoas interessadas em fazer benchmarking conosco, como você verá no capítulo 8, sobre o quarto pilar da Filosofia de Gestão: o verbo COMPARTILHAR.
*** As informações estão em <felicidadedalucro.com.br> — veja no site o link para entrar em contato com o autor.

Direto ao ponto

- Para liderar, o primeiro passo é manter aberto um canal de escuta ativa. Todo colaborador pode expressar sua opinião, sugestão, crítica ou reivindicação. O líder ouve tudo e age com interesse genuíno, sem ser paternalista.

- No começo, o canal de escuta ativa pode precisar de anonimato. Muitas pessoas são tímidas ou ficam intimidadas para falar diante "do chefe" ou dos outros.

- O diálogo franco e aberto entre o líder e sua equipe tem de ser sistemático. Conversar de vez em quando não adianta — defina uma periodicidade e a cumpra.

- A tão alegada falta de tempo é apenas mais um dos disfarces da inércia. Abra espaço na agenda para estar mais próximo e conquistar a confiança dos integrantes da sua equipe.

- Para começar a conversar com as pessoas, seja o mais simples possível. Em alguns casos, abra mão até da tecnologia da interatividade: a solução pode ser uma caixinha de sugestões ou um diálogo olho no olho.

- Uma iniciativa tão simples como uma caixinha de sugestões pode se transformar em uma ferramenta de inovação dos processos. É preciso estar com os olhos e os ouvidos atentos. Agir com o coração vai lhe poupar tempo.

- Se a insatisfação dos colaboradores mata uma empresa aos poucos, a dos clientes pode matá-la instantaneamente!

- Posta em prática, uma simples sugestão da caixa de sugestões pode se tornar a base de uma importante inovação na operação do negócio.

- A simplicidade traz resultados incríveis. Basta ter disciplina e interesse genuíno para levar cada projeto até o final. Nunca desista, mas seja flexível.

- O líder não é "bonzinho", não é condescendente, não deixa para lá, não esquece, não finge que não viu.

- Com toda a simpatia, bom humor e afeto, o líder apresenta os fatos e acredita na capacidade do colaborador. Todo mundo pode encontrar soluções ou ser mais eficiente. A humildade faz o líder ainda melhor.

- Usar apresentações formais feitas em telões para conversar com a equipe pode não ser muito caloroso. Procure ser o mais espontâneo e natural possível, recorrendo ao método de *storytelling*.

- Uma conversa que começa com uma boa narrativa ajuda a deixar as pessoas mais à vontade para se expressar. A naturalidade facilita a confiança. Abra o coração e deixe os outros perceberem que você também é humano.

- Conversando com minha equipe, ofereço o meu melhor multiplicado pelo máximo de confiança.

- A sinceridade, se for excessiva, pode afastar o líder dos seus colaboradores. Não corra esse risco. Respeite as individualidades sem deixar de demonstrar interesse genuíno.

- Procure dosar o grau de sinceridade da resposta de acordo com a sensibilidade de cada pessoa. Isso me pareceu muito difícil. Então, simplesmente passei a perguntar antes: "De zero a dez, quanto você quer que eu coloque meu coração no que vou falar para você?".

- Muita gente me pergunta: "Você chama o seu modelo de gestão de filosofia?". E a resposta é: "Não". Primeiro, porque não é MEU, é NOSSO. E, segundo, porque não é modelo; é uma filosofia de vida que pode tornar as pessoas mais felizes, gerar melhores produtos e serviços e assegurar a sustentabilidade de empresas.

- Nossa Filosofia de Gestão evita a precarização para manter as margens de lucro e inclui milhares de trabalhadores na lista das pessoas capazes de sonhar e realizar.

- As primeiras premissas para a criação da Filosofia de Gestão foram: 1) ninguém é dono de nada, temos de SER e não apenas TER; e 2) tudo o que for criado, qualquer novo conhecimento será compartilhado com todos e por todos.

CAPÍTULO 5

A filosofia em ação

Logo no primeiro capítulo eu disse que nada aconteceu na minha vida exatamente como planejei. Você se lembra disso? Se dependesse só dos meus planos, minha carreira teria tido um desenvolvimento rápido, contínuo e vertical. Já a vida, como sempre, preferiu colocar uma montanha-russa na minha caminhada. Quantas vezes tive que ser flexível, mudar de ideia e me adaptar? Quando percebia que não estava no controle absoluto de alguma situação, sentia raiva e até vontade de jogar tudo para o alto. Não foi fácil; algumas vezes doeu fundo. Precisei, por exemplo, QUASE perder o emprego para sair da inércia e ter coragem de mudar de área... Não estou reclamando, não. Muito pelo contrário. Fazendo o balanço, hoje estou bem feliz com minhas conquistas.

Nessa questão da flexibilidade, porém, antes de me dar por satisfeito, tive muito o que aprender. A vida me deu uma boa lição — e foi, de fato, muito útil: em vez de me fazer desprezar o planejamento, as incertezas naturais do dia a dia me ensinaram que o melhor plano deve ser tecnicamente profundo e bem detalhado. Quanto mais a gente conhece o terreno, mais chances tem de encontrar as melhores saídas. Quando a vida muda o cenário, as variáveis ou as circunstâncias, você precisa estar pronto para "improvisar". De caso bem pensado, fica muito mais fácil ser flexível. Na aparência, você pode até estar cedendo. Mas, na verdade, como tem em mente um plano consistente, não perde de vista os objetivos. Pelo meio do caminho, vendo de fora, os outros podem até achar que você desistiu. Mas, como sabe aonde quer chegar, os obstáculos ou desvios de rota são apenas contingências momentâneas. Você flexibiliza e segue tranquilo porque continua a ver o fim desde o começo. Antes de seguir adiante, quero fazer uma observação: existe uma diferença importante entre desistir e mudar de ideia. Mudar de ideia faz parte; às vezes é até nobre, sinal de flexibilidade. Mas desistir, nunca. Todo ser humano muda de ideia, o que dirá de planos... Mudar é tão bom que instituímos a mudança como forma de estimular o processo de melhoria contínua na nossa empresa.*

Depois que a gente aprende a ver o fim desde o começo, tudo isso se torna uma constatação aparentemente bem óbvia: nós planejamos com a máxima dedicação e qualidade, a vida muda as circunstâncias e, então, é preciso ser flexível para fazer as adaptações necessárias.** Cada vez mais os profissionais da área de gestão de pessoas têm valorizado essa competência, que chamam de resiliência. "Inata ou aprendida, é essencial desenvolvê-la. Quanto mais alto a pessoa estiver na hierarquia da empresa, mais será exigida. É mais fácil ser resiliente quando você tem um plano de ação e já sabe o que quer... assim, vai conseguir ver os obstáculos naturais como algo temporário", costuma dizer Mara Turolla em suas sessões de *coaching* comigo e com os demais líderes da nossa empresa.

Acontece, porém, que a obviedade dessa constatação muitas vezes nos escapa quando estamos na rotina do trabalho. Todo mundo que dirige um negócio tende a acreditar que a racionalidade predomina no universo corporativo. Mas não é bem assim. Nas organizações, a vida acontece da maneira exata como no dia a dia das pes-

---

* Vou contar detalhes dessa iniciativa no capítulo 8, que vai tratar do quarto pilar da nova Filosofia de Gestão: COMPARTILHAR.

** Segundo o *Dicionário de psicologia* (Lisboa: Climepsi, 2001), de Roland Doron e Françoise Parot, a adaptação é "um processo dinâmico de mudança, desenvolvido voluntária ou involuntariamente, a fim de recolocar o organismo numa posição mais vantajosa em relação ao seu meio interno ou ao ambiente e que supõe a capacidade de aprender".

soas. Por exemplo: a empresa investe meses em um plano de ação e, quando por fim fica tudo pronto, a concorrência faz um movimento inesperado. Ou uma mudança repentina ocorre na conjuntura econômica, inviabilizando os investimentos necessários para colocar o plano em execução. Qualquer que seja o motivo, o fato é que as mudanças acontecem — e exigem adaptações. Por mais que planejadores saibam estimar riscos e avaliar o horizonte de incertezas, a gestão da empresa nunca será absolutamente racional e previsível. Mais cedo ou mais tarde, o melhor plano precisará ser revisto, flexibilizado e adaptado. Até para ser aprimorado.

É por essas e tantas outras razões que, antes de começar a compartilhar com você a nossa Filosofia de Gestão, eu gostaria de fazer um alerta: nada do que vou lhe dizer daqui para a frente é definitivo. A Filosofia de Gestão está estruturada e se traduz em um conjunto de práticas já aplicado com excelentes resultados em várias empresas. Mas não é engessada nem 100% infalível. E espero, sinceramente, que eu jamais a considere absoluta. Caso contrário, começaria a se parecer com um modelo — teórico, fechado e imutável. Ou seja, acabaria jogada na vala comum dos modelos tradicionais. Nossa filosofia, ao contrário, se aplica de forma aberta, flexível, adaptável, mutante e resiliente. A base de tudo é a vida. Por isso, posso lhe garantir que, ao longo dos últimos quinze anos, pelo menos, uns dos meus maiores aprendizados como líder foram exatamente estes: o desapego dos modelos tradicionais de administração e a valorização das pessoas.

Novo mantra: persistência na coerência

De início, nossa Filosofia de Gestão era o meu "projetinho". Foi assim que minha esposa apelidou um conjunto de ideias e práticas que eu vinha reunindo havia anos — desde os tempos da caixinha de sugestões, quando assumi minha primeira gerência.* Foi o jeito que

---

* Essa história está contada em detalhes no capítulo 4.

ela encontrou para me provocar e me estimular a seguir em frente com minhas inquietações e questionamentos. Se eu queria fazer a diferença, não podia ficar parado. Não podia me conformar, muito menos aceitar a eterna repetição das mesmices. Como gestor, eu já aplicava minhas ideias, claro. Mas a experiência ainda estava limitada à minha equipe. Eu sempre tinha resultados positivos mensuráveis e significativos para apresentar. Mesmo assim, sentia as mãos vazias... ainda faltava estrutura para o meu "projetinho". Como sabe muito bem como me desafiar, minha esposa já previa que eu não me conformaria em ter apenas um "projetinho" — e estava certa: dediquei-me ainda mais para transformar aquela semente no que posso chamar de Projeto de Vida.

Nessa mesma época, uma headhunter me chamou para conversar: não tinha uma posição específica para mim. Segundo ela, seu objetivo era apenas "conversar e conhecer um pouco mais sobre minha experiência". Boa entrevistadora, a hunter conseguiu me fazer falar com franqueza. Um dos pontos que enfatizei foi que, como gestor, procurava me manter sempre bem próximo de cada pessoa do time. Esse era o meu jeito de gerar credibilidade e criar um vínculo de confiança recíproca. Já tinha aprendido na prática que as pessoas trabalham mais e melhor quando se sentem respeitadas, cuidadas e valorizadas.

Achei que estava vendendo bem meu peixe até que, no final do nosso almoço, ouvi um dos piores — e mais desanimadores — conselhos da minha vida: "Olha, você é um jovem profissional talentoso e dinâmico, mas está pegando mal essa sua conversa de abraçador de árvores. Deixe essas ideias de lado e siga o padrão, entende? Não queira ser o único peixe nadando contra a maré". Saí desse encontro com a tal headhunter meio atordoado. Será que era isso mesmo que o mercado esperava de mim? Ainda bem que tenho bons amigos, que também me ouvem com interesse genuíno. E lá fui eu conversar com o Marcão.*

---

* Marcos Roberto Alves é contador, teólogo e meu amigo há mais de vinte anos. Mais à frente, neste mesmo capítulo, você vai ver que ele retorna em outras conversas decisivas para mim.

Para o amigo do peito de muitos anos, abri meu coração sem nenhuma ressalva. Contei para ele que me sentia cansado da sensação de estar sempre nadando contra a correnteza. Tinha vontade, às vezes, de abandonar essas ideias tão diferentes e seguir apenas o fluxo da maioria. No começo, quando compartilhava minhas inquietudes e sonhos, cansei de ouvir frases do tipo: "Fica na sua; filho de pobre não tem vez, não" ou "Está empregado? Então já está bom demais!". E não eram pessoas mal-intencionadas. Era gente muito boa, que queria me fazer acreditar que eu estava fadado a ser apenas mais um número. Depois, quando consegui me tornar gestor, a conversa mudou de conteúdo, mas não de tom. Toda vez que eu ouvia e respondia com interesse genuíno, as pessoas em volta ficavam com o pé atrás. "O que será que ele quer? Essa atitude tão legal não é de graça, não..."

Depois do meu desabafo, Marcão, como sempre, me ofereceu o seu melhor feedback. Foi bem específico: "Mais uma vez, sua ansiedade está dominando. Você acredita que, para liderar, precisa conquistar a confiança de cada pessoa do seu time. Já conheci muitos profissionais que 'falam' isso, mas conheço poucos que realmente cuidam, respeitam e valorizam a própria equipe como você. Quando se propõe algo diferente, é preciso dar tempo ao tempo. Enquanto a sua credibilidade é sedimentada, você vai ter de ser persistente na coerência com os seus valores. De início, o diferente pode assustar e até incomodar. Mas respire fundo e siga em frente. Você tem o privilégio de ouvir as pessoas e filtrar o que elas dizem. Use sua maturidade e depois me conte o que aproveitou disso tudo". A conversa foi decisiva para mim; saí de lá com um novo mantra: "Persistência na coerência". Nunca mais cogitei a possibilidade de recuar, seguir a maioria ou abrir mão dos meus próprios critérios de líder. Depois de ouvir os conselhos do amigo, filtrei os fatos e extraí nova energia para acreditar cada vez mais em mim mesmo.

Menos custos e mais inteligência

Logo depois, como gestor, tive outra oportunidade para ir mais longe com a prática das minhas convicções. Além das áreas de compras, logística e qualidade, passei a ter também sob a minha liderança a de tecnologia da informação (TI). Tecnicamente, eu não entendia nada daquilo — como também não sabia nada sobre compras, logística e qualidade quando fui promovido a gerente dessas áreas. Então, no momento em que a TI também ficou sob a minha liderança, entendi: a empresa não precisava de mais um especialista em TI, precisava de alguém para tirar o melhor da equipe! Ou seja, minha missão era dupla: promover a eficiência da área e, de quebra, tentar mudar a vida daquelas pessoas.

Minha recepção em TI, no entanto, não chegou a ser calorosa! Nas ocasiões em que eu falava em aumentar a eficiência da área, os colaboradores pareciam pensar: "Os cortes começam quando?". Uma vez, antes de entrar em uma sala de reunião, cheguei a ouvir: "Ele vem de finanças, cara; em compras, fez só uma passagem. Para ele, TI é só despesa. Nem pensa em investimento; vai cortar tudo o que puder logo, logo!". Precisei enfrentar muita resistência. Durante meses mantive em mente o mantra do Marcão: "Persistência na coerência, persistência na coerência...". E segui praticando meus critérios de proximidade, credibilidade, confiança, respeito e valorização das pessoas. Também li muito, aprendi muito e fiz muitas perguntas.

Costumo dizer que é ótimo quando não domino um assunto, porque assim posso fazer todas as perguntas a que tenho direito. E é sempre com as perguntas que parecem mais bobas que a gente aprende mais ou encontra uma solução inusitada... O olhar e o raciocínio de quem não é especialista são sempre mais tranquilos. Por isso, a pessoa consegue enxergar novas perspectivas, possibilidades diferenciadas e soluções inovadoras. Fomos seguindo no ritmo do meu novo mantra até que a equipe de TI conseguiu entregar seu primeiro projeto muito bem-sucedido!

Havia uma questão-chave: as operações da empresa são bastante capilarizadas em uma área de 120 mil quilômetros quadrados de redes elétricas, e as equipes em campo precisam de comunicação estável e em tempo real. O pessoal de TI já havia feito vários estudos, mas a viabilidade da solução esbarrava sempre no orçamento. Ou seja, a tecnologia existia, porém os custos eram estratosféricos — pelo menos, para nós. Só que, enquanto a solução não vinha, a comunicação em campo continuava frágil entre os colaboradores — o que também queria dizer que nossas equipes técnicas estavam sendo menos eficientes do que poderiam para nossos clientes. Em outras palavras, a situação era literalmente insustentável.

A maioria das pessoas, no momento em que é colocada diante da falta de recursos — especialmente quando se trata de dinheiro —, considera que vê ali um obstáculo intransponível. O raciocínio é mais ou menos o seguinte: "A tecnologia para resolver o problema já existe, mas é muito cara. Nós não temos esses recursos disponíveis, então não há solução possível. Pelo menos, não, para nós". Certo? Errado. Sempre parto do princípio de que nenhuma empresa jamais terá todo o dinheiro necessário para executar todos os projetos relevantes ao mesmo tempo. Então, sempre existe uma solução alternativa viável; basta procurar. Quando o dinheiro é curto (quase sempre), melhor aumentar o investimento em inteligência, resiliência, efetividade com afetividade.

E foi o que a equipe de TI fez: durante meses, reviu e adaptou processos internos e questionou as possibilidades de customização do sistema externo até estruturar a melhor solução. O que era consagrado, mas ficou obsoleto, foi eliminado. O que estava com bom desempenho foi melhorado. Assim, aos poucos, criamos espaço de negociação com nossos clientes internos: um diagnóstico mais exato das necessidades apontou, então, que a melhor solução viável economicamente estava entre o ideal e o que podíamos fazer. Quando encontramos essa resposta, pusemos em prática. A partir da valorização das pessoas, conseguimos estabelecer a confiança recíproca, e a autoestima da nossa equipe de TI mudou para sempre. Além desse, houve depois muitos projetos que eles realizaram com brilhantismo. Tornaram-se exemplo e contagiaram muitas outras pessoas, mudando o paradigma inaceitável de que somos fracos e improdutivos. Acreditar em si mesmo o torna forte e poderoso, uma pessoa vencedora.

Até hoje esse sistema de comunicação com as equipes de campo mantém-se como uma solução estável e robusta. Sob o ponto de vista interno, entrega segurança, eficiência e produtividade. Para os clientes, representa prestação de serviços mais ágeis e, portanto, se reflete também na rentabilidade dos nossos negócios. Além disso, tenho uma enorme satisfação em contar para você também o seguinte: os dois líderes desse projeto em TI continuam na empresa, participando daquilo que chamei no capítulo 4 de TURNOVER DO BEM... Um deles é gerente de novos negócios, ainda jovem, hoje na faixa dos trinta anos; e o outro, depois de passar três anos como executivo na área de sustentabilidade (sim, acredite, sustentabilidade), voltou para TI como diretor. Incrível, não acha? Basta acreditar...

A nova zona de conforto é mutante

Depois de liderar a área de TI, ainda assumi recursos humanos, saúde e segurança do trabalho, sustentabilidade e comunicação empresarial. Depois, eu me tornei diretor estatutário, tendo sob minha gestão todas as áreas corporativas — além das que já mencionei, foram incluídas outras, como infraestrutura e a administração da frota de veículos. Minha estratégia para crescer profissionalmente foi aceitar fazer o que ninguém queria; ou seja, onde existir um problema, encontrar uma solução junto com as pessoas — como contei certa vez em entrevista ao jornalista Mílton Jung, da Rádio CBN.* Além dessa característica, o fato de eu ser generalista, tenho certeza, foi o fator que mais pesou a meu favor para eu ser escolhido como o novo CEO da empresa. É verdade, não entendo profundamente de tudo. Não sou especialista em nada nem quero ser. Hoje,

---

* Entrevista "Persistência e início cedo no mercado foram o mais importante para me levar ao topo de uma empresa", concedida, em 4 de novembro de 2013, ao programa *CBN Young Professional*. Disponível em: <goo.gl/NjFc2a>. Acesso em: 29 jul. 2015.

minha maior competência é a capacidade de analisar problemas e buscar a melhor solução viável em conjunto com as pessoas. É principalmente assim que hoje aplico o meu raciocínio lógico-racional: faço perguntas "bobas" para meu time até encontrar a saída com o melhor custo-benefício para todo mundo. No geral, essa resposta está na opção mais simples.

Às vezes, com visão de especialista, o profissional é muito dedicado e ágil para buscar soluções. Só que, quando apresenta sua ideia, o projeto é extremamente complexo, sofisticado e dispendioso. Em outras palavras: a solução é inviável e, portanto, ineficiente por princípio. Em uma reunião, quando sinto que as ideias apresentadas vão nos levar a um impasse do tipo "existe uma solução fantástica, mas não temos dinheiro para comprá-la", já aborto logo a conversa. Sempre estimulo minha equipe a fazer mais e melhor com os recursos que já temos disponíveis. Foi o que aconteceu com a criação da área de importação,* não foi? É assim que me dá prazer trabalhar! É assim que vejo os melhores resultados acontecerem.

Foi em setembro de 2011 que assumi a posição de CEO. Minha satisfação pessoal pela nova conquista, porém, não minimizou o impacto da responsabilidade. Uma pergunta logo tomou conta da minha mente: qual vai ser a marca da minha gestão? Apesar de o meu Projeto de Vida já ter dado resultados tão bons a ponto de me conduzir a esse cargo, eu ainda sentia as mãos vazias. Conversei e troquei ideias com todas aquelas pessoas que sempre me ouviram com interesse genuíno, mas foi novamente com Marcão que voltei a ouvir a minha própria voz interna. Quando lhe contei que estava inquieto, perguntando-me qual seria a marca da minha gestão à frente da empresa, ele me despertou: "Essa resposta e todos os critérios do seu estilo de liderança você já sabe. O desafio agora é FAZER. Não invente, não sofistique, não torne nada mais complexo do que já é. Seja simples e siga com o mantra de persistência e coerência na

---

* No capítulo 3, já relatei esse episódio da criação de toda a área de importação utilizando somente recursos disponíveis — contando, inclusive, com recrutamento interno.

prática dos seus valores. Vá em frente e faça o que você acredita que seja o melhor para todos".

Depois dessa nossa conversa, durante um almoço simples em um posto de beira de estrada, onde nos encontramos para esse papo de urgência, materializei minha primeira resposta: a marca da minha gestão seria "NÓS". E, então, segui em frente mantendo em mente o mantra "persistência na coerência". É claro que enfrentei resistências, muita gente me olhando com desconfiança, mantendo o pé atrás e se perguntando quais seriam as minhas segundas e até terceiras intenções. Nada mais natural. Havia chegado a hora, no entanto, de colocar à prova meus critérios de líder.

Toda vez que você propõe algo diferente e inovador — mesmo que seja simples e pareça óbvio —, as pessoas vão oferecer resistência. É que aprendemos que mudar geralmente não é muito bom, não. "Fica na sua!", lembra? Estamos lá na nossa zona de conforto nos sentindo quentes, bem alimentados e quietinhos, e alguém quer romper a inércia? As pessoas são como um bebê dormindo no berço, ainda sem conhecer todo o seu potencial. Quando a criança é acordada, a primeira reação é o choro; o bebê quer voltar a dormir. É da natureza humana. Portanto, o líder não pode ignorar a tendência à inércia nos outros nem em si mesmo. O status quo sempre será um dos obstáculos a superar quando seguimos na direção de nossos objetivos.

Por isso, para ajudar a romper a poderosa força da inércia, aprendi que o primeiro passo é abrir espaço para o novo. É preciso fazer uma "faxina interna" bastante criteriosa. De cada ínfimo detalhe do status quo há a necessidade de definir o que vai ser eliminado e o que passará a ser enfatizado com melhorias. Ou seja, tudo precisa mudar — até o que vinha dando certo. Nunca fui adepto daquela velha história de que "Não se mexe em time que está ganhando". Se não mexer, os jogadores vão encontrar uma nova zona de conforto e voltar à inércia. E, de repente, vão entrar em campo — como sempre fizeram — e "surpreendentemente" vão perder de sete a um. Caso você não pretenda um dia ser surpreendido por uma derrota tão dura no seu desenvolvimento de carreira, é melhor mudar — hoje, já, agora e para sempre. Na verdade, atualmente a minha nova zona de conforto é a constante mudança. E meu objetivo é inspirar as pessoas a também seguir por esse caminho. Portanto, se devemos nos manter mutantes, a nova Filosofia de Gestão não poderia ser estática, não é mesmo?

O que deve ser eliminado

Logo de início, defini que três conceitos — e seus respectivos comportamentos — precisavam ser eliminados da gestão: a centralização do poder, o individualismo e o imediatismo. Pela experiência com o meu Projeto de Vida, eu já sabia que aquela conversa de que "Manda quem pode, obedece quem tem juízo" é um tiro mortal no engajamento e na colaboração inteligente. As pessoas se conformam com os processos e projetos "top-goela-down" (em bom português, "goela abaixo") e deixam o barco seguir a maré. Não se sentem responsáveis por nada, nem pela própria vida. Tem até aquela música que diz: "Deixa a vida me levar, vida leva eu...".*

Pensando assim, elas acabam agindo como funcionários, e não como colaboradores. Além disso, a centralização do poder só serve para inflar o ego dos gestores e alimentar os comportamentos individualistas. O "chefe"** toma decisões apenas por vaidade, e o colaborador pensa: "Já que é assim, ele que se dane". Nada desestimula mais o engajamento do que isso. É bem nessa hora que a pessoa percebe que anda bastante insatisfeita — principalmente com o próprio salário e também com o "chefe". Às vezes, fica insatisfeita até com ela mesma por aceitar tudo isso. Mas sair da inércia que é bom, quase nunca...

---

* Referência à música de Serginho Meriti e Eri do Cais, que fez bastante sucesso na interpretação de Zeca Pagodinho.
** Observe que, quando descrevo esses comportamentos negativos, uso sempre as palavras "chefe" ou "gestor". Em minha opinião, o líder — se quiser merecer ser considerado assim por sua equipe — jamais adota critérios e comportamentos relativos à centralização de poder, ao individualismo e ao imediatismo.

Eu não queria mais nem imaginar esse tipo de comportamento acontecendo dentro da empresa. Mas o individualismo pode ser ainda mais danoso, porque estimula o "obstaculismo". A pessoa vê os obstáculos — reais ou imaginários — e já se rende antes mesmo de tentar seguir em frente. Em vez de encarar as dificuldades como algo natural e momentâneo no processo de desenvolvimento profissional, já vai logo pensando: "Eu sabia. Comigo é assim: não bastam esforço e dedicação. Eu dou suor e sangue e não recebo nada em troca de ninguém. Nunca vou conseguir nada". E simplesmente desiste de buscar seus próprios sonhos. Para de fazer planos e se abandona à inércia. O chefe não percebe ou finge que não vê e pensa: "A carreira dele é problema dele". O grau de compromisso é zero, e o de confiança, negativo.

E, por fim, outro ponto definitivamente eliminado da gestão foi o imediatismo. Assim como aprendi, todo mundo tem de saber que o investimento na carreira não é de curto prazo. A gente precisa arar a terra, plantar, regar e esperar crescer para poder colher os melhores frutos. "A velocidade do comboio não é a da carroça mais rápida", dizia a minha mãe — sem conhecimento de nada no universo corporativo, mas muito sábia de vida. Assumi como CEO aos 36 anos. Há quem diga no mercado que isso é precoce. Às vezes, as pessoas me questionam: se sou contra o imediatismo na carreira, por que eu mesmo me desenvolvi tão depressa?

Pessoalmente, considero essa ideia de precocidade bastante relativa: quando assumi como presidente da empresa, eu tinha 24 anos de dedicação, disciplina e muito aprendizado profissional, registrados em carteira de trabalho. Um investimento na carreira de 66% do meu tempo de vida. Você acha 24 anos de atividade pouco para alguém se tornar CEO? E se fossem doze anos? A carreira de uma pessoa pode ser medida apenas pelo tempo? Seja uma pessoa de vinte ou de setenta anos, acredito na competência sem discriminações: não importa idade, gênero, raça, posição social. Para mim, não é isso que define se você irá ou não vencer. O que basta é acreditar.

Para os jovens que me perguntam como fazer para chegar a CEO, costumo dizer que a única diferença entre nós é a distância geracional, isto é, o tempo que nos separa. Porque se a pessoa acreditar em si mesma e também for efetiva, mantendo a postura afetiva, não tenho dúvidas de que é capaz de chegar aonde estou — e até de me superar. Por minha vez, também devolvo uma pergunta: "Estar na minha posição hoje faria você feliz?". Não importa a resposta nem o grau de sinceridade depositado. Só peço àquele jovem que seu maior empenho seja na própria felicidade. Assim, a caminhada vai ficar bem mais interessante.

Existe, porém, outro aspecto ainda mais importante do imediatismo sob o ponto de vista da eficiência do negócio. Quando a gestão está fundamentada em metas de curtíssimo ou curto prazo, é inevitável a precarização — da vida das pessoas, da qualidade dos produtos e serviços e, mais cedo ou mais tarde, da rentabilidade da operação. Sou capaz de apostar: quando as metas do negócio são imediatistas, o EBITDA* vai despencar no médio e longo prazo. Há aqui um círculo vicioso, que todo mundo já viu acontecer. A administração imediatista é quase sinônimo de cortes: corta a comunicação e a propaganda, corta os melhores fornecedores, corta 10% da folha de pagamento — e lá se vão bons profissionais — e corta a prosperidade. A gestão do corte de custos é muito comum hoje em dia.

Corta tanto a unha que leva junto a carne e começa a sangria. Os cortes já não bastam, então a alta direção determina o aumento imediato dos preços. É como se o mercado não influenciasse essa definição e o preço fosse decidido só por política interna. No dia seguinte, já não há mais ninguém para fazer o trabalho com a mesma qualidade de antes: essa gestão atinge mortalmente a curva de aprendizado dos colaboradores. Os clientes se ressentem; as vendas se retraem. Nessa hora, vem a ordem para recomeçar a contratar

---

* EBITDA: em inglês, é a sigla para *earning before interests, taxes, depreciation and amortization*. Em português é Lajida (lucro antes dos juros, impostos, depreciação e amortização), mas o mercado não costuma usar a tradução. A ideia é muito simples: você pega o total da receita de vendas e deduz os impostos, depois abate os custos (custos dos produtos vendidos — insumos), além das despesas operacionais. Esse é um dos melhores indicadores para medir a eficiência de uma empresa e a sua capacidade de geração de caixa.

profissionais mais caros — imediatamente! E a roda volta a girar em sentido oposto, revertendo tudo ao ciclo anterior, até a empresa ficar inchada, pesada e ineficiente de novo. Há companhias que sofrem o "efeito sanfona" da gestão imediatista. A cada "incha e encolhe", os erros se acumulam. Pouco a pouco, a empresa vai implodindo suas virtudes e o ânimo de sua gente. Ninguém mais acredita naquele negócio, incluindo colaboradores, clientes — e incrivelmente até os acionistas. Essa descrença é o triste sinal de que a casa caiu.

O que deve ser adicionado

Já tínhamos na empresa um modelo de administração que funcionava muito bem. Quando assumi como CEO, em 2011, pela primeira vez na minha carreira sabia que não tinha sido escolhido para o cargo apenas para resolver problemas. Fui chamado também por ser alguém que acredita muito na criação de algo novo e melhor. De fato, tudo ia muito bem. Em 2010, já havíamos conseguido conquistar o primeiro lugar no Prêmio Nacional de Qualidade (PNQ),* e os resultados operacionais eram bastante favoráveis. Mas, como já estava claro, eu não havia sido escolhido apenas para dar continuidade ao status quo. Fui escolhido para fazer aquilo de que mais gosto: MUDAR.

Ao me tornar presidente, estava na empresa havia sete anos e já tinha passado por todos aqueles cargos e áreas que descrevi para você neste e nos capítulos anteriores. Tinha escrito minha história e definido um estilo eclético de liderança. Esse meu perfil já havia sido identificado pela matriz. Então, quem me escolheu para ser

---

* Anualmente, a Fundação Nacional da Qualidade realiza o PNQ, reconhecendo empresas nível classe mundial com o objetivo de estimular as organizações no desenvolvimento da sua gestão, além de disseminar os fundamentos e critérios de excelência para que se tornem sustentáveis, cooperativas e gerem mais valor para a sociedade. No PNQ, o ganhador de um ano tem de cumprir dois de carência para poder disputar a premiação novamente. Saiba mais acessando o site. Disponível em: <fnq.org.br/avalie-se/pnq>. Acesso em: 1º ago. 2015.

CEO certamente não estava esperando de mim o bom e velho "mais do mesmo". Era a soma da fome com a vontade de comer. A união perfeita, que tinha, portanto, grandes chances de produzir os melhores resultados para todos.

Desde o meu primeiro dia de trabalho, aos doze anos, sempre quis fazer diferente, inovar, aprimorar... Tinha chegado a hora de FAZER, como dissera o Marcão. O nosso modelo de administração, apesar de muito bom, era tradicional, rígido, hierarquizado demais. Esses aspectos não favoreciam o engajamento e a colaboração. Eu queria melhorar tudo aquilo, ou seja, mexer naquele time que já estava ganhando. Com a eliminação daqueles comportamentos ultrapassados que mencionei, estava aberto espaço para o novo. Portanto, já era possível adicionar à gestão novos conceitos — e comportamentos, como valorização das pessoas, participação genuína e coletivismo.

Em vez do "Manda quem pode, obedece quem tem juízo", todo mundo passa a poder tudo. As atividades são administradas de maneira muito mais horizontal, muito mais moderna e flexível. Todo mundo tem vez e pode perguntar, dar opinião, colaborar, sonhar, planejar — e realizar. Quando a gestão consegue eliminar o poder centralizado, o individualismo e o imediatismo, algumas mudanças na cultura e no ambiente organizacionais acontecem — aparentemente — com muita naturalidade. Não admito que essas mudanças sejam de fato "naturais" ou "espontâneas", porque aqui o líder deve agir com intencionalidade: de maneira consciente, adota medidas práticas e concretas para viabilizar as mudanças. No entanto, o efeito causado na gestão da empresa, apesar de profundo e duradouro, ocorre suave, gradativo e sem rupturas drásticas.

Pouco a pouco, as pessoas, sentindo-se mais valorizadas, respeitadas e cuidadas, deixam de agir como funcionários e passam a ser colaboradores — de fato e por direito. É o fim da inércia e o início da participação genuína e definitiva. Os indivíduos elevam a consciência a um novo patamar e assumem o protagonismo da própria vida. Cada um readquire a capacidade de sonhar e planejar a vida, porque confia que as oportunidades serão criadas e haverá a perspectiva de desenvolvimento contínuo. Com amplo apoio dos líderes — em especial das equipes estratégicas de recursos humanos e comunicação empresarial, que foram essenciais para a implantação da Filosofia de Gestão —, foi exatamente assim que fizemos acontecer a partir do momento em que assumi como CEO. Logo de início, a empresa estava com metas bem agressivas de eficiência, e a saída mais fácil tinha de ser evitada. Isto é, a solução não seria fazer a gestão do corte de custos. Então, criamos o "pacote do encantamento" — eu e os sete diretores que entraram comigo e estão comigo até hoje (aliás, vale registrar que quatro são mulheres). Quando você descentraliza o poder, valorizando, respeitando e cuidando das pessoas, um dos resultados positivos é também a oferta absolutamente igualitária de oportunidades, inclusive entre os gêneros. Na nossa empresa, a gestão não tem nada de machista.

Com o nosso "pacote de encantamento", assumimos uma série de compromissos com os colaboradores — entre os quais, destaco dois: o recrutamento interno seria priorizado e seriam oferecidas oportunidades de desenvolvimento compatíveis com a oferta de novas posições na empresa. Para isso se tornar realidade, devíamos nos aproximar e conhecer as expectativas de cada pessoa. Só assim seria possível dar suporte à transformação de cada sonho em um plano de ação. Vou dar um exemplo dessa mudança: no modelo tradicional, tínhamos uma ótima escola de eletricistas. Só que, quando terminava o curso, o indivíduo estava formado e sem perspectiva, ou seja, sem emprego. Faltava encaminhamento para que o aluno tivesse uma perspectiva de desenvolvimento continuado.

Fizemos, então, parcerias com diversas entidades para aumentar a empregabilidade dos eletricistas recém-formados na nossa escola. A começar, claro, pela nossa própria empresa, que ampliou muito o aproveitamento dos melhores. A base da nossa Filosofia de Gestão é *acreditar* (*respeitar* e *cuidar*), mas não ache que as novas portas se abrem num passe de mágica e que as oportunidades caem do céu. Logo que reestruturamos a escola, começaram a surgir histórias bem legais. Por exemplo: um casal, marido e mulher, resolveu fazer o curso. São seis meses de aula em tempo integral. Para manter a casa durante esse período, eles faziam bicos noturnos. Como eram ótimos alunos apesar do esforço redobrado, foram imediatamente contratados quando se formaram... e transferidos para outra cidade. Juntos, claro, porque pelo critério do respeito e da valorização, não iríamos separar uma família.

Uns dois anos depois, eles foram promovidos e trazidos de volta para a cidade de origem. Hoje ambos cursam engenharia elétrica. Esse é só um dos exemplos. Na verdade, atualmente, temos centenas de colaboradores estudando em cursos técnicos e em faculdades de engenharia, administração e direito. Tem gente que viaja toda noite trezentos quilômetros de ida e volta para ir estudar. O indivíduo batalha até convencer outros colegas a também voltar aos estudos: assim, tem companhia na viagem noturna de ida e volta e ainda divide o gasto com o combustível. Para mim, até esse esforço para convencer os amigos a voltar a estudar faz parte dos resultados mais virtuosos da nossa Filosofia de Gestão. Quando as pessoas passam a acreditar mais nelas mesmas, os limites somem do mapa.

Quem acredita fica conosco

De vez em quando, encontro por aí umas pessoas que não conseguem nem pensar em desapegar dos modelos mais tradicionais e antiquados. Outro dia, uma delas se mostrou muito preocupada com a quantidade de oportunidades que oferecemos aos nossos colaboradores. Segundo ela, nesse ritmo, logo, logo, todo o nosso pessoal vai ter nível superior e a cultura da nossa empresa será pouco oxigenada com a contribuição de gente de fora. Achou que meu objetivo era inverter a pirâmide da hierarquia social, deixar o topo largo e a base estreita. E eu, pacientemente, tive de explicar que meu objetivo não é esse: "Eu tenho um ideal, sim, que é eliminar essa pirâmide; e não colocá-la de ponta-cabeça".

Da mesma forma, também existem executivos apegados às estratégias mais tradicionais. Na hora de aumentar os indicadores de eficiência de um negócio, por exemplo, eles só conhecem uma solução: passar a tesoura na folha de salários. Aí, chegam para os acionistas e dizem, por exemplo: "Estamos produzindo o mesmo com menos recursos". Eu, como líder, prefiro seguir um caminho alternativo. Tenho um compromisso de valorização da pessoa. Nós confiamos nela, ela confia na empresa, e assim vamos transformando expectativas recíprocas em planos de ação conjuntos. Há uma convergência de propósitos entre cada um de nós e a empresa. Isso elimina o individualismo e promove o coletivismo. A energia do ego e da vaidade é canalizada para o bem comum. Cada indivíduo oferece sua colaboração mais genuína e se engaja de corpo e alma no trabalho diário. É isso que eleva os patamares de eficiência na operação como um todo. Minha meta é poder dizer para os acionistas: "Estamos produzindo quatro vezes mais sem ter precisado demitir ninguém". Por enquanto, estamos no meio dessa caminhada, mas acreditamos que juntos somos capazes de realizar tal façanha.

Na pior das hipóteses, se um dia não pudermos oferecer novos desafios à altura desses colaboradores que acreditam, lutam e vencem, com ótima formação e excelente performance individual e em equipe, pergunte ao mercado quanto tempo eles ficam disponíveis... Conheço bem essa resposta, porque nossos colaboradores são bastante assediados. Alguns poucos, mais imediatistas, aceitam os convites, e eu lhes desejo boa sorte: com toda a sinceridade, peço apenas que levem uma semente da nova Filosofia de Gestão para plantar onde forem trabalhar. No entanto, quem tem visão de longo prazo e enxerga o fim desde o começo, fica conosco. Felizmente, tem sido a maioria de nossos quase 4 mil colaboradores.

Apesar dessa constante procura por "nossa gente", especialmente pelas empresas concorrentes, já faz tempo que riscamos a expressão "retenção de talentos" da nossa estratégia de recursos humanos. No início, algumas pessoas me criticaram: "Como vai ser? A empresa apoia durante anos o desenvolvimento dos profissionais, e, quando eles estão mais capacitados, vão trabalhar na concorrência?". Tomei a decisão de correr esse risco e, por enquanto, não me arrependi. Anualmente, fazemos uma pesquisa salarial e pagamos a média do mercado. Com a mesma periodicidade, também é realizada uma pesquisa de clima com os colaboradores, e, como na maioria das empresas, o indicador de maior insatisfação é o salário. Só que, no nosso caso, a média geral de satisfação está em 99%. A maior missão é encantar nossos colaboradores para que eles encantem nossos clientes e todos juntos mantenhamos nossos acionistas e a sociedade encantados.

É comum que as pessoas perguntem para as crianças o que elas querem ser quando crescer, e a resposta costuma vir de forma bem espontânea... bombeiro, bailarina, super-herói, professora, médica, veterinário, surfista, estrela do rock, jogador de futebol. Lá pelos quatro anos, naquela idade em que descobrimos que todo adulto trabalha, você se lembra do que queria ser? É bem provável que fosse alguma coisa que hoje lhe pareça meio absurdo. Mas, em geral, esses desejos infantis têm algo em comum: a profissão é escolhida só para fazer você FELIZ. Mais tarde, lá pela adolescência, é que o dinheiro entra em cena — muitas vezes, como fator preponderante — para direcionar nossas escolhas de vida.

Lamentavelmente, há quem chame esse processo de "amadurecimento"; eu acho que é um desvio de rota: com certeza, o melhor atalho para alguém se tornar infeliz. Por quê? Porque, guiado somente pelo dinheiro, o indivíduo vai escolher uma profissão ou um emprego que talvez lhe dê a oportunidade de TER muitos bens, muitos objetos móveis e imóveis. Em compensação, vai perder a oportunidade de SER o que sempre sonhou, realizando com o trabalho seus propósitos mais vitais e essenciais. Para todos nós — sem exceção —, trabalhar é cansativo; às vezes, até irritante. É natural; toda atividade tem bons e maus momentos. Só que existe uma enorme diferença entre acordar de manhã para ir trabalhar em um emprego que adora ou em um que você detesta. Faça essa pergunta a si mesmo: quando abre os olhos pela manhã, vê sentido em levantar e ir para o trabalho? Ou, ao contrário, logo que acorda, já sente o peso do sacrifício diário?

Dependendo da resposta que você der, começa aqui a sua insatisfação com o salário. Não há dinheiro no mundo que pague o sacrifício de trabalhar em um emprego que a gente detesta. Não adianta, você pode fazer todo o esforço possível e vai continuar infeliz. Não há dinheiro que possa ser investido em si mesmo para "remendar" essa insatisfação. Quanto maior for o salário, mais ficará refém daquela situação. Por outro lado, a empresa pode lhe ajudar a transformar seu desejo mais profundo em um plano de ação. E isso não custa necessariamente dinheiro.

Nós oferecemos, por exemplo, o Plano de Desenvolvimento Individual (PDI). A pessoa diz o que quer, o que não quer, o que sonha e aonde quer chegar. A empresa dá o passo a passo para transformar tudo aquilo em realidade — e até estimula que o encarreiramento profissional não seja vertical. O líder age como um facilitador e acompanha como um treinador: direciona, impulsiona e não deixa ninguém se acomodar. Por que restringir ao departamento jurídico um advogado que quer atuar na área comercial ou no RH? Como protagonista da própria vida, o colaborador sonha o que bem quiser e vai atrás do próprio desenvolvimento. Aí, quando surge a chance, a prioridade é do recrutamento interno. Para dar um dado bem objetivo: hoje, 93% do recrutamento para novas posições é abastecido internamente — do assistente mais júnior ao administrador ou engenheiro mais sênior, passando por executivos e diretores.

Na verdade, duas vezes por dia, temos a chance de testar o grau de satisfação com nosso emprego. Acostume-se a observar o que você sente em relação ao trabalho quando acorda pela manhã e quando volta para casa no fim do dia. Você está satisfeito? A reclamação constante quanto ao salário é para quem está atolado na inércia. Quem sonha tem um plano de ação e objetivos próprios, desempenha em alta performance. A prosperidade é latente e as promoções acontecem. O salário sobe por mérito, não porque a pessoa reclama com o "chefe" que tem muitas contas para pagar. Não são o salário e os benefícios que retêm uma pessoa trabalhando em uma empresa. É o encantamento que resulta da possibilidade de contar com um processo continuado de desenvolvimento e a oferta de oportunidades horizontais, verticais e agora diagonais — quando, por exemplo, um advogado sai do jurídico e passa para o RH. A satisfação diária com a qualidade do trabalho realizado é típica de quem acredita, como nós, nesse círculo virtuoso e faz a escolha de continuar sempre em frente e mais feliz.

O funeral do modelo tradicional

Em 2013, um ano e meio depois de eu ter assumido como CEO, a empresa voltou a vencer o PNQ. Foi um marco — e também o fim de qualquer resíduo de resistência que ainda existia internamente contra as minhas propostas de mudança. Depois do pé atrás, veio o abraço solidário. Todo mundo agora acreditava: era possível ganhar eficiência e lucrar mais sendo mais humano e respeitoso, engajado e feliz. O PNQ foi uma mensuração relevante. Mas eu sentia no ar e no olhar das pessoas que elas estavam mais felizes, colaborativas e produtivas. Parecia viral: todas as iniciativas agora estavam permeadas positivamente por nossas ideias. De imediato, vi ali uma boa oportunidade para jogar uma pá de cal no que ainda restava de tradicional na nossa gestão.

Como eu havia eliminado a centralização do poder, as decisões passaram a ser colegiadas. Submeti a ideia aos nossos sete diretores: vamos fazer uma cerimônia de sepultamento do modelo de gestão anterior? O apoio foi unânime. Tomada a decisão, montamos rapidamente um planejamento do processo. O primeiro passo foi colocar no papel o aprimoramento da nossa governança. Estava oficialmente implementada a gestão do NÓS. Em seguida, sepultamos o modelo tradicional de administração em uma solenidade aberta a todos. A repercussão foi muito positiva. Estava ali, materializado diante de toda a empresa, o nascimento de uma nova maneira de fazer a gestão de um negócio. Nossa missão, visão e valores não eram apenas mais um quadro na parede; agora vivenciávamos no dia a dia aquela convergência de propósitos. NÓS estávamos construindo um negócio sustentável, que daria sustentabilidade também ao desenvolvimento profissional de cada um dos participantes.

O segundo passo foi dar, finalmente, nome e estrutura ao meu Projeto de Vida — acalentado havia tantos anos. Foram inúmeras rodadas e debates, analisando cada uma das experiências de implementação, os resultados práticos alcançados, os obstáculos enfrentados e até os equívocos. Todo o grupo de diretores colaborou para dar forma e conteúdo ao que denominamos nova Filosofia de Gestão. Como líder, agora eu não sentia mais as mãos vazias, pois havíamos chegado, de uma vez por todas, à essência de tudo, alicerçada em quatro pilares: ACREDITAR, PRATICAR, MELHORAR e COMPARTILHAR, como mostra a Figura 1:

Figura 1 Os quatro pilares da Filosofia de Gestão: *ACREDITAR, PRATICAR, MELHORAR* e *COMPARTILHAR*.

Neste capítulo, ao contar para você como ocorreu no meu dia a dia de líder, a partir de 2011, o processo de implementação da nova Filosofia de Gestão na nossa empresa, abordei o primeiro pilar:

acreditar, que se desdobra em respeitar e cuidar de cada pessoa. Foi um relato sincero dos obstáculos e das resistências enfrentadas, mas também uma história de sucesso. Como já disse, nada do que você já leu ou ainda vai ler é definitivo, estático nem está gravado em pedra. A vida é dinâmica e nossa filosofia também é. Por outro lado, tudo o que está escrito neste livro já está muito longe de ser apenas um sonho; é, de fato, a materialização do meu Projeto de Vida. A nossa Filosofia de Gestão está em ação e o ciclo de humanização dentro das organizações está em plena frutificação.

Direto ao ponto

- Quanto mais você conhece o terreno, mais chances tem de encontrar as melhores saídas. Se a vida muda o cenário, as variáveis ou as circunstâncias, você deve estar pronto para "improvisar".

- Com um bom plano de ação, fica bem mais fácil ser resiliente. Como já sabe aonde quer chegar, você enfrenta os obstáculos e desvios de rota como contingências momentâneas.

- Por mais que os planejadores saibam calcular riscos e avaliar incertezas, a gestão da empresa (e da sua vida) nunca será absolutamente racional e previsível. Por isso, mais cedo ou mais tarde, o melhor plano precisará ser revisto, flexibilizado e adaptado. Mudar de ideia pode ser nobre; desistir, nunca.

- Quando se propõe algo diferente, é preciso dar tempo ao tempo. Enquanto a credibilidade é sedimentada, você deverá persistir e ser coerente. Vá em frente, repetindo o mantra: "Persistência na coerência".

- A visão do profissional generalista pode ser muito produtiva: ele tem coragem de fazer "perguntas bobas" e, por isso, pode encontrar as soluções mais simples e inovadoras.

- Nenhuma empresa jamais terá todo o dinheiro necessário para executar todos os projetos relevantes simultaneamente. Então, quando os recursos financeiros estão escassos, o melhor é aumentar o investimento em inteligência.

- Toda vez que você propõe algo diferente e inovador — mesmo que seja simples e pareça óbvio —, as pessoas vão oferecer alguma resistência. É da natureza humana, e o líder não pode ignorar a tendência à inércia nos outros nem em si mesmo.

- Quando é a mudança que nos leva na direção dos nossos objetivos, o próprio status quo será um dos obstáculos a superar.

- Para romper a poderosa força da inércia, é preciso primeiro abrir espaço para o novo, fazendo uma "faxina interna" bastante criteriosa. De cada ínfimo detalhe do status quo, você vai definir o que precisa ser eliminado e o que passará por transformações e melhorias.

- Caso você não pretenda um dia ser surpreendido por uma derrota dolorida no seu desenvolvimento de carreira, é melhor começar a mudar — hoje, já, agora e para sempre.

- A nova zona de conforto é mutante. Esqueça aquele papo antigo de que "Não se mexe em time que está ganhando".

- Para pôr em prática a nova Filosofia de Gestão, a gente elimina a centralização do poder, o individualismo e o imediatismo, abrindo espaço para a valorização das pessoas, a participação genuína e o coletivismo.

- Cultive o desapego dos modelos mais tradicionais e conservadores. Abra a sua cabeça para o novo, para a mudança e para as novas práticas de gestão.

- Se uma nova cultura demanda dez anos para se consolidar, eu pergunto: Será que ela é boa mesmo? Será que se trata de uma cultura em que as pessoas ACREDITAM? Quem ACREDITA muda depressa. As pessoas são desconfiadas pelo histórico de vida, mas identificam logo o que é bom ou ruim.

- Definitivamente, está mais do que provado: a melhor resposta para a necessidade de aumentar a eficiência de um negócio não é a gestão do "corta-corta".

- Quem tem autoconfiança, ótima formação e excelente desempenho ACREDITA e realiza seus sonhos. Invista em você, porque vale a pena.

- Não há dinheiro no mundo que pague o sacrifício de trabalhar em um emprego que a gente detesta. Não adianta, você pode fazer todo o esforço e receber o maior salário do mundo, mas vai continuar infeliz.

- Duas vezes por dia, temos a chance de testar o grau de satisfação com nosso emprego. Acostume-se a observar o que você sente em relação ao trabalho quando acorda pela manhã e quando volta para casa no fim do dia. Você está satisfeito?

- A missão, a visão e os valores da sua empresa não podem ser apenas mais um quadro na parede. Os colaboradores precisam ACREDITAR e vivenciar no dia a dia a convergência de propósitos com a organização.

- Quando você descentraliza o poder, valoriza, respeita e cuida das pessoas, um dos resultados positivos é a oferta absolutamente igualitária de oportunidades — sem preconceitos e com meritocracia.

- Depois de sepultar o modelo tradicional, demos forma e conteúdo à nova Filosofia de Gestão, baseando-a em quatro pilares: ACREDITAR, PRATICAR, MELHORAR e COMPARTILHAR.

CAPÍTULO **6**

Na prática, o lucro é de todos

Desde os tempos da adolescência, como vendedor precoce, costumo associar meu trabalho diário a tudo de mais positivo que sempre conquistei na vida. E, com isso, não estou me referindo apenas àquilo que meu salário torna possível TER. Falo, de modo especial, do que consigo SER com meu trabalho. Em primeiro lugar, é na empresa que eu convivo e me relaciono proximamente com um grande número de pessoas. Lá, amplifico o exercício do meu afeto. Em segundo, é com essas pessoas que aprendo todos os dias a me tornar um gestor mais efetivo — o que me faz feliz, claro, mas também satisfaz de forma crescente nossos clientes e acionistas. É no trabalho que eu somo minha afetividade à minha efetividade. Portanto, a convivência no dia a dia da empresa é a fonte primária dos meus melhores resultados. Olhando por essa perspectiva, como eu poderia não valorizar meu trabalho e a contribuição das pessoas na minha vida?

Só que, assim que atingi e até superei as minhas primeiras metas profissionais, logo descobri que na essência da minha trajetória havia um propósito ainda mais amplo do que apenas "ganhar a vida". É o que dá sentido ao meu trabalho e fornece toda a energia de que preciso para seguir adiante todos os dias — com muitas ou poucas dificuldades. É aquele desejo essencial que trago dentro de mim desde sempre: ser líder para fazer a diferença, transformando — para melhor — a minha vida e a das pessoas ao meu redor. Para mim, ser líder é ser feliz e agir todos os dias para estimular cada pessoa a também lutar para conquistar a própria felicidade.

Instintivamente, sempre pensei primeiro na minha própria felicidade — depois na dos outros. Pensar e agir primeiro para si mesmo não é egoísmo. Hoje, tenho consciência de que isso é o exercício da coerência. Como é que posso querer que alguém ACREDITE em mim, se eu mesmo não ACREDITAR, não praticar e não tiver meus próprios resultados para apresentar? Com base no que já aprendi, vivi e experimentei, sei que o melhor líder age realmente assim. Quando quer promover mudanças e fazer o outro sair da inércia, primeiro ele atua em coerência com o que acredita. É assim que põe em prática o mantra da "persistência na coerência".* No presente momento, posso afirmar com total tranquilidade e absoluta convicção: sou um líder mais eclético e perseverante, que só pratica aquilo que acredita. Se eu não acreditar, não pratico. Sei bem que, especialmente no começo de carreira, muitas vezes a gente acaba encarando uns desaforos. Em relação a isso, posso lhe garantir o seguinte: a cada passo que se dá na direção do seu pleno desenvolvimento pessoal e profissional, menos sapos terá de engolir.

Voltando ao líder. É só depois de acreditar e pôr em prática que ele pode compartilhar suas ideias e ter a expectativa de que os outros também acreditem e ajam em sintonia com os mesmos valores e conceitos. Em inglês, existe uma expressão muito boa para traduzir essa ideia. Quando alguém age de acordo com o que fala, eles dizem que a pessoa *walk the talk*. Ou seja, caminha de acordo com o que fala, pondo em prática aquilo em que acredita. Junto com o "Manda quem pode, obedece quem tem juízo", precisamos também eliminar de uma vez por todas de nossas vidas aquela velha história da hierarquia tradicional do "Faça o que eu digo, mas não faça o que eu faço".

A coerência entre o que se fala e o que se faz é extremamente poderosa. É a base da relação de credibilidade entre o líder e as ou-

---

* Esse meu mantra foi explicado no capítulo 5.

tras pessoas. Sem isso, não há estímulo ao desenvolvimento da autonomia e,* portanto, não haverá resultados efetivos — nem para a pessoa nem para os negócios. Antes, quando eu falava ou punha em prática essas ideias, me sentia remando contra a maré. Quem me ouvia estranhava ou resistia. Agora, mesmo devagar, percebo o cenário mudando. Muita gente com bons resultados para apresentar está em sintonia com essas mesmas ideias. Por exemplo, na definição de Dee Hock, criador do conceito de organizações caórdicas,**

> Um líder pressupõe um seguidor. Um seguidor pressupõe uma escolha. [...] Os termos 'líder' e 'seguidor' implicam liberdade contínua e julgamento independente de ambos. [...] Se o comportamento de um deles é forçado, seja por necessidade econômica ou por arranjo contratual, a relação passa a ser de superior/ subordinado, administrador/ empregado, patrão/ criado ou dono/ escravo. Todas essas relações são materialmente diferentes da relação líder/ seguidor.***

Para usar minhas próprias palavras, acrescento: essa relação de subordinação acontece entre o que chamo de "chefe" e "funcionário", e não entre o que acredito serem um líder e seus colaboradores. Tem gente que diz que as pessoas estão acostumadas a ser guiadas. Não compartilho dessa opinião. Acredito que está na hora de cada um assumir a liderança da própria vida e do seu futuro.

É hora de abrir o diálogo

Em 2007, quando assumi como diretor, tive mais uma vez aquela sensação de inquietação: se eu me desenvolvia profissionalmente, por que não conseguia me sentir feliz na mesma proporção? Mais

---

* Apoderado da autonomia, você se autonomeia governador da própria vida, lembra? Falamos bastante sobre esse conceito no capítulo 1.
** No capítulo 3 já apresentei a definição de caórdico.
*** Dee Hock, op. cit., p. 72.

maduro, no entanto, logo consegui identificar que minha frustração era resultado de uma sensação de isolamento. Meu novo time, naquele momento, era formado por umas 120 pessoas, mas eu ainda não as conhecia de perto. Não sabia o nome de todos os colaboradores nem a história e os sonhos de cada um. Estava faltando convivência para turbinar nossa eficiência. Ao identificar o problema, criei o Diálogo Estratégico. E passei a ter pelo menos uma reunião diária com pequenos grupos de dez a quinze pessoas da equipe. O principal objetivo era sempre alguma questão estratégica da nossa rotina de trabalho. Mas eu aproveitava para me aproximar, dialogar, conviver e construir uma relação de confiança entre nós.

Naquele momento, comparado com os diretores da nossa empresa, eu não tinha um comportamento tradicional — muito menos do tipo "chefe". Havia certa estranheza no olhar dos outros, em especial entre os meus pares, mas ninguém dizia nada de maneira aberta. Afinal, a alta liderança da organização apreciava os resultados da nossa diretoria — que também eram positivamente fora do padrão. Então, como havia conquistado espaço para praticar minhas convicções de líder, minhas inquietações sossegaram por um tempo. Pelo menos até 2011,* quando fui escolhido para ocupar a posição de CEO...

Um episódio foi bem revelador das resistências iniciais que enfrentei antes de conseguir implementar nossa nova Filosofia de Gestão: depois de uma reunião de trabalho, fiquei batendo papo com um dos diretores que havia sido meu par até bem pouco tempo. Aparentemente, nós nos dávamos muito bem, e eu sempre admirei a dedicação e competência dele. No final da conversa, porém, quando compartilhávamos nossas expectativas de vida, ele decidiu falar o que silenciava havia muito tempo sobre mim: "Márcio, eu sempre achei você um grande idiota. Agora, como CEO, vejo que você não é, não...". Desde que não possua objetivos antiéticos, tenho convicção de que a sinceridade jamais deve ser reprimida ou

---

* Os detalhes estão lá no capítulo 4.

muito menos punida. Dessa maneira, continuamos a trabalhar juntos, até que ele resolveu pedir demissão. Foi em busca de novos desafios. Apesar de competente e sincero, ele com certeza teria muita dificuldade em se adaptar à horizontalização da gestão proposta por nossa nova Filosofia.

Vencidas as resistências e feito o sepultamento oficial do modelo tradicional de gestão,* dei destaque à realização do Diálogo Estratégico. A partir de então, o DE, como eu o chamava, passou a valer para a empresa inteira. No começo, diariamente, eu tinha uma reunião com um pequeno grupo de colaboradores, algo em torno de vinte pessoas por vez. Meu objetivo era conversar olho no olho. Tinha de compartilhar ideias, explicar nossa nova Filosofia de Gestão. Precisava conhecer os sonhos, desejos e necessidades de cada um. Queria servir de inspiração e estimular a transformação, a conquista da autonomia e da autoconsciência. E sabia que a coerência era ponto-chave.

Pouco a pouco, viajei para todas as cidades** em que temos colaboradores e conversei com um por um em seus grupos locais. Explicava a nova Filosofia e ouvia os sonhos de todo mundo. Incentivei a criação de planos de ação e tive, claro, a oportunidade de retornar para saber os resultados alcançados. Depois de quase dois anos pondo em prática o DE — uma das minhas mais valiosas convicções —, nossos sete diretores reivindicaram a mesma oportunidade: também queriam ir a campo conhecer e se relacionar com os nossos colaboradores. Eles me apresentaram a seguinte requisição: "Crie algo novo para manter seu desejo de ouvir as pessoas; o DE agora é nosso". Foi uma escolha e uma decisão espontânea deles. E, para mim, foi uma enorme satisfação perceber que eles reconheceram a importância de o líder estar próximo e construir uma relação de confiança e credibilidade. É isso que melhora a eficiência do negócio e aumenta a lucratividade. Desde 2013, por-

---

* Esses episódios já foram relatados no capítulo 5, lembra?
** No total, 228 cidades, sendo 223 no estado de São Paulo e cinco no Mato Grosso do Sul.

tanto, são nossos diretores que estão à frente do nosso programa Diálogo Estratégico.

Nosso bate-papo é expresso

Para mim, essa convivência é tão energizadora que só consegui passar alguns meses sem participar do Diálogo. Mas, em vez de dividir o espaço com os diretores, criei para mim o programa Papo Expresso. Dependendo da minha agenda, consigo fazer duas ou, às vezes, até três reuniões por mês com um grupo de colaboradores que varia entre trinta e quarenta pessoas. Quem quer participar, só tem de se inscrever na intranet corporativa e aguardar ser chamado pelo RH. De vez em quando demora um pouco, porque o Papo Expresso tem fila de espera.

Ninguém é obrigado a vir me encontrar. Aliás, os recém-contratados são os únicos que têm de participar de um encontro comigo, como parte do processo de integração na empresa. Faço questão de conhecer cada um: precisamos ter pelo menos uma oportunidade para apertar as mãos e conversar olho no olho. Pelo nosso controle, porém, já verificamos que a maioria volta a se inscrever para participar do Papo Expresso. As pessoas me contam seus sonhos e depois querem compartilhar suas vitórias. Se soubessem quanta energia eu tiro dessas nossas reuniões, acho que deveriam cobrar meu ingresso!

Em um encontro típico do Papo Expresso, todos têm a oportunidade de se apresentar, de falar, de perguntar e de dividir ideias e experiências — vitoriosas ou não. Em geral, abro a sessão falando sobre a nova Filosofia de Gestão, e, depois desse aquecimento, começamos a conversar. Nossos diálogos são bem francos. Não há nenhum blá-blá-blá da minha parte ou da do colaborador. A maioria quer falar comigo sobre direcionamento de carreira. Ou seja, quer saber como pode se desenvolver dentro da empresa. Em cada grupo, especialmente na integração, procuro fazer com que a primeira conversa seja um bom quebra-gelo. O diálogo livre e franco, às vezes, flui mais ou menos assim:

— Fulano, qual o seu maior sonho?
— Bom... eu queria estudar, sabe?
— O que você gostaria de fazer?
— Meu sonho é fazer direito, quero ser um bom advogado... Mas como trabalho como eletricista, melhor tentar engenharia elétrica. Assim fica mais fácil aqui na empresa, né?
— Alguma vez a sua vida foi moleza?
— Não, nunca.
— E vai querer o mais fácil logo agora?
— Não, não é isso... é que...
— Então, por que você já não está estudando?
— Bom, é que eu tenho umas dívidas... preciso quitar antes. Não dá para querer e já fazer. Tenho que ajeitar minha vida antes...
— QUANDO é que sua vida vai estar ajeitada?
— Ah, até o final deste ano quito tudo...
— Então, QUANDO você volta a estudar?
— Ah, acho que no ano que vem vai dar... É difícil, tenho que fazer à noite, já tenho filhos...
— Você quer mesmo estudar, ou não?
— Eu quero, sim. Vou começar em janeiro do ano que vem.
— Você vai estudar para passar no vestibular?
— Vou. Passar no vestibular eu consigo. Já passei antes... só não consegui continuar...
— Ótimo, então, em janeiro do ano que vem você volta a estudar? Tem certeza de que quer isso? Vai fazer mesmo ou vai me enrolar?
— Não, não vou enrolar, não, vou fazer, é meu sonho!
— Quer minha ajuda para ir até o fim e vencer, alcançar seu sonho?
— Sim, claro!
— Tem certeza?
— Sim, claro!
— Bom, então, para não deixar você desistir, vou dar um apoio moral: se você não voltar a estudar vou te demitir, beleza?
— Como assim?

— Bom, você já sabe o que quer e por quê. Agora só falta fazer... Eu estou dando uma forcinha, mas você tem que fazer por você mesmo.

— Beleza, fechado, eu confio em mim, vou vencer.

Nessas reuniões, estou sempre acompanhado por alguém da área de recursos humanos. Nas vezes em que a conversa chega a esse ponto, peço para anotar o nome completo da pessoa e o prazo que o próprio colaborador se deu para realizar o próprio sonho. Quando eu visitar a cidade em que ele trabalha, ou ele voltar a me encontrar em um Papo Expresso ou nos eventos anuais da empresa,* tenho tudo anotado sobre o compromisso que assumimos: a pessoa diz que quer melhorar de vida e eu quero ajudar a encaminhar, oferecendo novas oportunidades. Se a pessoa acredita de verdade, só está faltando colocar em prática.

Depois desse primeiro diálogo, o próximo a falar já começa dizendo QUANDO vai parar de sonhar e entrar em ação. E, de repente, tem sempre algum outro colaborador que já está de volta ao Papo Expresso para contar suas conquistas: "Olha, há dois anos, voltei a estudar. Acreditei e coloquei em prática. Ainda estou fazendo a faculdade, mas já fui promovido. Eu vim aqui hoje para contar isso para vocês. Está valendo a pena o esforço e a dedicação!". A partir disso, todo mundo se anima, fica entusiasmado porque vê que o papo é expresso — e para valer! De verdade, tenho ficado cada vez mais satisfeito com os resultados práticos dessas nossas conversas. Atualmente, temos na empresa, por exemplo, mais de quinhentos eletricistas que estão cursando faculdade. Mas não são só eles. Tem gente de todas as funções que decidiu acreditar, praticar e se desenvolver para vencer!

Encantar vale mais do que tentar reter

Entre outros motivos, é por isso que nunca fui favorável a investimentos vultosos em programas específicos para a retenção de talen-

---

* Essas ações estruturadas para sistematizar o compartilhamento de práticas e valores serão descritas no capítulo 8, com todos os detalhes práticos.

tos. Já vi iniciativas desse tipo acabarem virando um saco sem fundo: quanto mais é investido para criar uma algema de ouro e "reter" os profissionais, menos eles se declaram satisfeitos com a política de remuneração nas pesquisas de clima. Portanto, em relação a isso, acredito — e coloco em prática — o seguinte: todas as pessoas devem receber oportunidades iguais e uma estrutura para encaminhar o próprio desenvolvimento. A partir dessa base viabilizadora, cada profissional permanece na empresa por motivação própria e absoluta livre escolha. É o que chamo de encantamento. Exige pouco investimento em dinheiro e muito interesse genuíno dos líderes por seus colaboradores. Quem se desenvolve mais tem chances de progredir mais. É simplesmente coerente, não acha?

Esse encantamento é fruto de um círculo virtuoso, que tem origem nos dois primeiros pilares da nova Filosofia de Gestão: ACREDITAR e PRATICAR. A respeito de ACREDITAR, que se desdobra em *respeitar* e *cuidar*, já conversamos no capítulo anterior. Neste ponto, só gostaria de enfatizar alguns outros aspectos. Para mim, o líder é aquele que vai à frente e aponta o caminho para os outros. Ao longo da minha trajetória, aprendi a colocar em prática essa ideia. Sou o primeiro a ter uma causa e a ACREDITAR que nosso trabalho diário deve ter um propósito mais amplo do que "simplesmente pagar as contas para sobreviver". Além disso, também acredito na minha capacidade para transformar todos os meus sonhos em planos e os meus planos em realidade. É dessa convicção pessoal que eu tiro a disciplina, a coragem, o ânimo e o entusiasmo para seguir em frente, resolver problemas, contornar dificuldades, encontrar soluções inovadoras e ser capaz de levar cada projeto até o final — apesar dos obstáculos, que às vezes até parecem intransponíveis.

Hoje em dia, sei que mantenho o foco nítido e a ansiedade canalizada em forma de energia positiva, porque ACREDITO no meu trabalho e nos bons resultados que vou alcançar. Nunca mais duvidei da minha capacidade de chegar ao sucesso, sabe por quê? Porque toda pessoa que leva na bagagem propósitos positivos, disciplina, coragem, energia e entusiasmo será capaz de seguir viagem até o fim e encontrará um porto seguro. Pode ser até que as metas alcançadas

— ou superadas — não sejam aquelas dos primeiros sonhos e planos. Se a gente só conquistasse exatamente o que sonhou, eu hoje poderia ser um CFO,* jamais um CEO. Então, a gente precisa ACREDITAR, colocar em PRÁTICA e ser capaz de ir se adaptando ao fluxo mutante da própria vida. É assim que o líder segue em frente — com persistência e resiliência —, apontando a direção para as outras pessoas.

Depois de ACREDITAR nesses valores e praticá-los comigo mesmo, conquistando meus primeiros resultados positivos, eu me senti muito FELIZ. É de fato deliciosa a sensação de sonhar, investir tempo e energia em um projeto e, por fim, superar as próprias metas. É como dizem: você se sente — momentaneamente — o dono do mundo, ou, pelo menos, o filho do dono (risos). Como escreveu o poeta William Ernest Henley: "Eu sou dono e senhor de meu destino;/ Eu sou o comandante de minha alma".** Essa sensação de felicidade e vitória pelas próprias conquistas funciona como um reforço muitíssimo positivo. É justamente o que retroalimenta o ciclo de energia da gente. Mais energia investida, mais obstáculos enfrentados, mais soluções encontradas, mais conquistas, mais energia gerada, mais investimento de tempo, outra vitória e mais energia disponível... Ser líder é ser feliz e inspirar o outro a investir toda a energia para ser feliz também.

No início, quando começamos a PRATICAR a nova Filosofia de Gestão, eu dizia que era contra os programas específicos para a retenção de talentos, e os profissionais da área de recursos humanos "da geração tradicional" estranhavam: "Como? Vamos desenvolver nossos colaboradores e deixar que eles saiam da empresa? É a concorrência quem vai desfrutar dos nossos melhores talentos?". Sempre acreditei que isso não iria acontecer. E, de fato, está ocorrendo como imaginei. Nosso turnover nunca foi alto. Atualmente,

---

* Essa história eu já contei no capítulo 3.
** Referência ao poema "Invictus", de William Ernest Henley (1894-1903), que você encontra na internet com tradução integral. Vale a pena lê-lo: além de bonito, o poema teria servido de inspiração a Nelson Mandela durante sua luta contra o apartheid na África do Sul. Disponível em: <casadacultura.org/Literatura/Poesia/g12_traducoes_do_ingles/invictus_henley_masini.html>. Acesso em: 6 jun. 2015.

no entanto, nosso TURNOVER DO BEM* é que se destaca. Na nossa empresa, os colaboradores estão sempre em movimento. O desenvolvimento de carreira é vertical, lateral, diagonal...** As pessoas trocam de lugar, de função, de área, aprendem novas tarefas e crescem — o mais importante é estar em movimento, bem longe da inércia! Para o nosso novo e estratégico time de recursos humanos, isso tudo é básico e fundamental.

Nós temos interesse genuíno pelo encaminhamento da carreira de cada um, e o colaborador investe seu dinheiro, tempo e energia para crescer na nossa empresa. Claro, tem gente que entra, trabalha bem e se desenvolve, mas tem muita pressa. Então, vai tentar satisfazer a ansiedade não canalizada em outra organização. Porém a maioria permanece. Nossa área de RH já mensurou: nossos colaboradores acreditam na nossa nova Filosofia de Gestão e permanecem na empresa porque sabem que haverá oportunidades para prosperar. Quem semeia, rega, aduba e espera o crescimento com certeza vai colher bons frutos. O colaborador que aprende a canalizar a ansiedade para transformá-la em energia consegue esperar o ciclo de desenvolvimento lhe trazer benefícios multiplicados. E é por isso que não procura emprego ou aceita qualquer convite em outra companhia; ele permanece conosco por escolha própria.

A prioridade é a pessoa

De acordo com a nossa Filosofia de Gestão, o pilar PRATICAR implica ainda que o líder, além de colocar em ação individualmente tudo aquilo em que acredita, deve agir também em relação aos outros. Por isso, esse segundo pilar permeia toda a empresa pela conjugação diária dos verbos *desenvolver* e *comunicar*. A frase-chave é: "Eu, líder, me comunico com você; você se comunica comigo; e nós nos desenvolvemos". Na prática, funciona assim: com seu exemplo, o

---

*   Minha definição de TURNOVER DO BEM está no capítulo 4.
**   Já falamos sobre essas diferentes oportunidades de desenvolvimento no capítulo 5.

líder se aproxima e constrói um relacionamento de confiança com o colaborador. Juntos, os dois estabelecem um diálogo cujo principal objetivo é acabar com a inércia e desenvolver a autoconsciência e a autonomia. O grau de proximidade sempre costuma gerar dúvidas: qual é o ideal? Minha resposta é simples: você não deve ser tão próximo a ponto de ser convidado para padrinho de batismo ou casamento nem tão indiferente a ponto de, no churrasco reunindo os colaboradores, ser o primeiro a ser posto na grelha. Infelizmente, o normal por aí é o "chefe" ser queimado. Assim fica bem claro, não? (Risos!)

Depois da proximidade, nasce a credibilidade, e a confiança fecha o ciclo. Somados, esses pontos fundamentais fazem com que o colaborador também passe a ACREDITAR que é capaz de sonhar, traçar planos e conquistar suas próprias vitórias. Estou falando aqui daqueles sonhos, desejos e necessidades pessoais, intransferíveis e mais íntimos que cada um de nós traz dentro de si mesmo. Essa é a nossa força motriz, o que nos faz sorrir e trabalhar com leveza, com ânimo e vontade todos os dias.

Nossos sonhos, geralmente, não são muito complexos nem tão sofisticados e mirabolantes. Na maioria das vezes, queremos apenas estudar e/ou comprar um carro, ter a casa própria, casar, ter filhos, pagar uma boa escola para as crianças e, quem sabe, até fazer uma viagem por ano nas férias. Tudo isso ao mesmo tempo. Não é demais, não. Sonhar não tem limite. O que atrapalha o sonho é a falta de ação. Isto é, a falta de um plano capaz de conduzir você aos seus objetivos. Sem colocá-los em prática, tudo se limita a uma fantasia, que vai deixar você cada vez mais distante da realidade e do seu potencial de felicidade. Sem um plano de ação, aceitamos ser guiados pelos outros e deixamos nosso futuro em mãos erradas. O sonho é aquilo que motiva você a se colocar em movimento contínuo, jamais permitindo a inércia. Então, primeiro a gente sonha, depois acredita que é capaz, planeja, pratica e conquista. Não é nada fácil, não é nada simples, mas é tudo possível. Sei porque acredito e pratico: entre os meus sonhos e as minhas ações na realidade, sigo exatamente esse caminho.

Neste ponto, eu gostaria de fazer ainda um último alerta em relação ao pilar ACREDITAR. Esse é o único ponto da nova Filosofia de Gestão em que a ordem dos fatores altera o resultado: o benefício imediato para a empresa e para os negócios não pode vir antes, não pode ser o objetivo primário do líder. A prioridade é o colaborador, a PESSOA. Ela tem de ACREDITAR que é capaz de realizar seus sonhos e conquistar suas vitórias. Antes de mais nada e acima de tudo, é a pessoa quem vai se beneficiar com cada sonho transformado em projeto de vida e em ação na realidade. Não se trata de bondade e muito menos de bom-mocismo. Essa prioridade dada ao indivíduo é uma necessidade inevitável para que sejam alcançados os melhores resultados do ciclo de humanização,* que é o centro da nova Filosofia de Gestão.

A chave da eficiência e da produtividade

Seguindo esse processo, o líder inspira o colaborador a sair da inércia. De posse plena de sua autonomia, a pessoa começa a viver em outro patamar de consciência, muito mais amplo, arejado e iluminado. Ela passa a ACREDITAR que, assim como é capaz de sonhar, é capaz também de entrar em ação e de se colocar em movimento para transformar sonhos em projetos vitoriosos. Cada um tem potencial e é capaz de se fazer FELIZ.

Essa é uma etapa de profunda transformação individual. E, por isso, necessariamente, deve acontecer antes de o colaborador começar a gerar mais benefícios diretos para a empresa, agregando valor à sua prática diária no trabalho. Afinal, ninguém aumenta a própria eficiência e a produtividade geral da empresa quando se sente descrente, impotente e infeliz. Pelo menos, não de forma duradoura e sustentável. Quando a eficiência aumenta em função de corte de custos e a produtividade é elevada apenas na base da oferta

---

*   A ilustração do ciclo de humanização está no capítulo 8.

de mais incentivos, a melhora dos indicadores será momentânea e infundada.

Ao sair da inércia, acreditar em si mesmo e pôr em prática seu plano de ação para atingir os próprios objetivos, o indivíduo deixa de agir como funcionário e passa a ser um colaborador. Há uma percepção quase natural de que existe uma convergência de propósitos entre o seu plano de ação para ser feliz e os objetivos estratégicos do negócio. Esse processo todo não é rápido, indolor ou milagroso. Exige estímulo, esforço, dedicação, coragem e energia. Mas, assim que a pessoa percebe a convergência de propósitos entre seus objetivos e os da empresa, os efeitos são imediatos e definitivos. Passa a existir uma simbiose. Para prosperar e ser feliz, a pessoa entende que precisa colaborar com a empresa — e vice-versa. Todo mundo acaba percebendo as vantagens de viver e trabalhar amparado na nossa Filosofia de Gestão.

Talvez seja melhor sair do terreno das explicações conceituais e mostrar os resultados concretos que estamos conseguindo alcançar. O fim da inércia dos colaboradores torna a empresa 30% mais competitiva — pelo menos. Nunca mais você vai ouvir uma resposta do tipo: "Ah, chefe, não sei, não... isso aí não é comigo!". Ninguém se limita mais ao simples cumprimento de tarefas. Com um grau de consciência ampliado, naturalmente, a pessoa eleva a qualidade de toda e qualquer atividade que realiza. Ela enxerga o fim desde o começo e todas as implicações de suas atitudes. No exercício de sua autonomia e autoconsciência, todo mundo é capaz de transformar para melhor a própria vida, a da família, oferecer um futuro melhor para os filhos e, como consequência, elevar o patamar de eficiência da empresa em que trabalha. O ciclo é simples: primeiro as pessoas e depois os resultados para todos.

Por exemplo, em campo, cada um dos nossos colaboradores age como se fosse o próprio dono da empresa. Vamos supor que o profissional foi fazer uma ligação de energia. Ele vai muito além do cumprimento da tarefa: verifica se a vegetação está ameaçando a rede, se há furto de energia, inspeciona o estado físico dos cabos e, se tiver a oportunidade, ainda aproveita para conversar com o cliente e checar a satisfação com os serviços prestados. Informalmente, nossos eletricistas se organizam em grupos e se comunicam pelas redes sociais, em especial, a nossa própria, o Conecta.* Se um deles vir algum problema, mas não tiver ferramental adequado para trabalhar na rede, o colaborador tira uma fotografia e envia para o grupo, que passará no local quando houver a próxima inspeção, já contando com esse alerta. No capítulo 7, vou relatar também outro exemplo desse tipo dado por nossos agentes de faturamento.

Então é assim: de acordo com nossa Filosofia de Gestão, cada pessoa colabora com a outra e todas colaboram para a prosperidade da empresa. Nada disso está previsto ou é exigido do colaborador. Tenho perfeita noção, porém, de que esse protagonismo espontâneo é a chave dos nossos ganhos de eficiência. Alguns consultores afirmam que a cultura de uma organização demora uma década para ser transformada. Pela nossa experiência, no entanto, posso afirmar que a nova Filosofia de Gestão conseguiu esse protagonismo espontâneo dos colaboradores em menos de dois anos.

De lá para cá, além de reduzir custos operacionais e melhorar nossos indicadores internos de qualidade,** também recebemos o reconhecimento do mercado: em 2013, conquistamos o Prêmio Nacional da Qualidade, concedido pela Fundação Nacional da Qualidade (FNQ); em 2014, pela quarta vez consecutiva, fomos destaque como uma das vinte empresas mais sustentáveis do país, de acordo com o *Guia Exame de Sustentabilidade*; além de conquistarmos o Prêmio Ibero-Americano de Qualidade na categoria ouro, um reconhecimento para as organizações que adotam as melhores práticas de gestão entre os países da América Latina, além de Espanha e Portugal. Mesmo em anos difíceis para a economia do país, como 2014, obtivemos a confirmação do *rating* AAA*** da Standard & Poor's

---

* Vou falar mais sobre nossos canais de compartilhamento no capítulo 8.
** Esses dados numéricos já foram detalhados no capítulo 2.
*** A S&P realiza pesquisas e análises para atribuir às empresas notas de classificação de risco de investimento — os chamados *ratings*, que podem ir de AAA (o melhor) até D (o pior).

(S&P) pela quarta vez consecutiva e publicamos nossos resultados, atingindo um Ebitda* de quase 1 bilhão de reais.

Capa da revista *Você S/A*, de dezembro de 2014, quando fui eleito o líder mais admirado do Brasil.

E o mais importante de tudo isso é que nos tornamos mais eficientes e lucrativos, ao passo que nossos colaboradores manifestam publicamente a satisfação de trabalhar conosco. Em 2012, alcançamos pela primeira vez a posição mais cobiçada do *Guia Você S/A*: fomos considerada a Melhor Empresa do Ano, com índice de felicidade no trabalho de 92,5%; no ano seguinte, fomos a Melhor Empresa para Trabalhar do Brasil pela Great Place to Work/ *Época*; em 2014, alcançamos um patamar inédito: a número um nos rankings da Great Place to Work/ *Época* e do *Guia Você S/A* (maior nota já al-

---

* Ebitda é um ótimo indicador para medir a produtividade e a eficiência de uma empresa. O conceito já foi detalhado no capítulo 5.

cançada em dezoito anos da pesquisa — um índice de satisfação dos colaboradores de 98,3%). E, finalmente, em 2015, na 19ª edição do Great Place to Work, voltamos a ser a melhor empresa, com o índice de satisfação dos colaboradores subindo para 99%, e ainda nos destacamos entre vinte países, sendo eleita a Melhor Empresa para Trabalhar da América Latina, também pelo GPTW. ACREDITAR é realmente fundamental, mas ainda fico surpreso em ver como todas essas conquistas ocorreram tão rapidamente após a implementação da nossa Filosofia de Gestão, em especial quando fui eleito, em 2014, o líder mais admirado do Brasil pela revista *Você S/A*, um reconhecimento que me orgulha muito.

A felicidade é lucrativa para todos

Fico extremamente satisfeito por nossa nova Filosofia de Gestão já ter tantos resultados para apresentar: tudo isso é prova de que a felicidade e a lucratividade são compatíveis! Aliás, são complementares: é a satisfação de cada pessoa que, em conjunto, gera a prosperidade do grupo. A felicidade é lucrativa para todos. Só não ACREDITA e PRATICA isso quem não quer vencer, ou então o gestor apegado ao modelo tradicional de administração. Ele se encastela na torre da hierarquia e depois reclama da solidão do líder. Alega que as informações só chegam a ele depois de passar por muitos filtros. Para esse executivo, o processo decisório é como falar com o espelho. Basta entrar na internet e dar uma busca: você vai encontrar centenas de referências sobre essa questão terrível, mas, infelizmente, tão comum.

Outro dia, conversei com um desses solitários. Na posição de CEO de uma companhia global com o uso intensivo de máquinas pesadas, queixava-se por estar operando com custos muito pressionados. Segundo ele, "não é mais possível nem executar a manutenção das máquinas com a periodicidade devida para não expor ainda mais as margens e ofender a rentabilidade dos investidores". Especificamente no negócio dele, a manutenção é um fator crucial para a continuidade do processo produtivo — e até para a boa reputação da companhia. Muito consciente da dimensão do problema que estava enfrentando, ele se mostrava desolado: "Não sei mais o que fazer. Já esgotei as possibilidades de inovação e não encontro alternativas imediatas para diminuir os riscos e os cortes, que já estão sendo letais para a nossa competitividade".

Sempre que ouço alguém relatar um problema assim, minha primeira reação é imaginar o que eu faria no lugar daquela pessoa. Por isso, perguntei: "Você já conversou com seus colaboradores?". Como resposta, ele garantiu que nenhum dos seus diretores havia apresentado qualquer opção que ele já não tivesse cogitado — e refutado. "Não, não estou falando dos diretores. Já foi conversar com os colaboradores das áreas? Perguntou para eles o que está certo e o que está errado no processo? Quis saber as sugestões deles, que estão na ponta da operação? Haveria como retomar a periodicidade da manutenção de forma mais eficiente?" Depois que descrevi o tipo de diálogo que teria com os meus colaboradores, percebi que ele ficou me olhando em silêncio. Na expressão, incredulidade. Em seguida, expliquei como poderia ser valiosa a contribuição das pessoas que estão na base... e ele não se conteve mais: "Esse nunca foi meu estilo de gestão. Nunca desci ao chão de fábrica para pedir opinião. Assumo sempre toda a responsabilidade pelas minhas decisões. Nunca fiz isso e não pretendo fazer".

Bom, deve ser por isso que ele se sente tão solitário... Eu, ao contrário, nunca tive essa sensação. Para mim, a solidão do líder é um mito. Sinto-me muito bem acompanhado por todas as pessoas da nossa equipe. Quando não sei alguma coisa, pergunto para quem sabe. De preferência, para quem tem a responsabilidade de realizar aquela atividade específica. O melhor de tudo é que, quando faço uma pergunta, consigo encontrar alguém na equipe capaz de me dar a melhor resposta. Já fizemos a mensuração: temos uma solução própria para mais de 90% das nossas necessidades. É por isso que chamo de nosso TURNOVER DO BEM... Quando o colaborador tem competência, ele se desenvolve — seja na própria área ou em outras. Tudo gera conhecimento, que se multiplica e se aprofunda sobre todos os assuntos. Os 10% que ficam faltando, nós buscamos no mercado, contratando serviços ou novos colaboradores. Para nós, isso também tem sido muito positivo: a chegada de profissionais do mercado ajuda a oxigenar nossa cultura organizacional. Como a nova Filosofia de Gestão é tão dinâmica quanto a vida, estamos sempre abertos à colaboração. A melhoria contínua — sob todos os aspectos — está integrada à gestão e ao nosso dia a dia. É justamente sobre isso que vamos falar no próximo capítulo.

Direto ao ponto

- Seu dia a dia de trabalho deve ter um propósito maior do que simplesmente "ganhar a vida, pagar as contas e sobreviver". Para mim, é inspirar as pessoas na busca da própria felicidade. Aja assim, mesmo que ainda não seja um gestor. Se assumir seu protagonismo, logo será um líder.

- O líder é quem vai à frente e indica a direção para os outros. Mas ele só consegue apontar o caminho dando o exemplo: tem de acreditar e praticar diariamente seus valores. Para liderar é preciso *walk the talk*.

- A coerência do líder é extremamente poderosa. É sua credibilidade que estimula a autonomia e a autoconsciência dos colaboradores, gerando resultados efetivos — primeiro para as pessoas, depois para os negócios.

- No trabalho, a eficiência e a produtividade são turbinadas por um relacionamento de interesse genuíno e confiança entre o líder e cada colaborador de sua equipe.

- O diálogo com o colaborador deve ser sempre bem franco. Quando converso, não há nada de blá-blá-blá da minha parte nem da do colaborador. A vida não é fácil para ninguém: juntos, podemos encontrar uma forma de superar os obstáculos.

- Já vi programas de retenção de talentos virarem um saco sem fundo: quanto mais se investe para criar uma algema de ouro e "reter" os profissionais, menos eles ficam satisfeitos com a política de remuneração.

- Encantar o colaborador e fazer com que ele permaneça na empresa por livre e voluntária escolha exige pouco dinheiro e muito interesse genuíno por parte dos líderes.

- O encantamento é fruto de um círculo virtuoso, que tem origem nos dois primeiros pilares da nossa nova Filosofia de Gestão: ACREDITAR e PRATICAR.

- Toda pessoa que leva na bagagem propósitos positivos, disciplina, coragem, energia e entusiasmo será capaz de seguir viagem até o fim e vai encontrar seu porto seguro.

- O líder tem de ACREDITAR, colocar em PRÁTICA e ser capaz de se adaptar ao fluxo mutante da vida. É assim que ele segue em frente — com persistência e resiliência —, apontando a direção para as outras pessoas.

- O melhor líder luta para ser feliz e inspira o outro a investir toda a energia para ser feliz também.

- As pessoas devem estar sempre em movimento. O desenvolvimento de carreira pode ser vertical, lateral, diagonal... Os colaboradores trocam de lugar, de função, de área, aprendem mais e crescem — isso é o mais importante!

- Quem semeia, rega, aduba e espera o crescimento vai colher bons frutos. Quem aprende a esperar o ciclo de desenvolvimento recebe benefícios multiplicados.

- Sonhar não tem limite. O que atrapalha o sonho é a inércia. Sem um plano de ação, ele se limita a uma fantasia, que afasta você cada vez mais da realidade.

- A prioridade é a pessoa. Não se trata de bondade e muito menos de bom-mocismo. É uma necessidade inevitável para que sejam alcançados os melhores resultados do ciclo de humanização, que é o centro da nova Filosofia de Gestão.

- Ninguém aumenta a própria eficiência e a produtividade geral da empresa quando se sente descrente, impotente e infeliz.

- O fim da inércia dos colaboradores torna a empresa ao menos 30% mais competitiva.

- É a satisfação de cada pessoa que, em conjunto, gera a prosperidade do grupo. A felicidade é lucrativa para todos.

- O líder não se sente sozinho porque está sempre bem acompanhado por todos os colaboradores do seu time. Quando não sabe, pergunta. Antes de decidir, compartilha. Para mim, a solidão do líder é um mito.

- Já mensuramos: pondo em prática nossa nova Filosofia de Gestão, aumentamos a competitividade em 30% e encontramos 90% das soluções entre os recursos da própria empresa.

CAPÍTULO 7

Ser feliz é melhorar todo dia

Quando assumi o cargo de gerente, em 2004, passei por um breve momento de euforia. Estava mais do que feliz com as metas alcançadas. Para mim, chegar até ali já era uma vitória. Foi uma superação diária. Tive de vencer o meu próprio "obstaculismo" e também algumas circunstâncias bem reais e bem adversas. Portanto, nada parecia mais justo: era minha vez de TER tudo o que eu sonhei. De vez em quando, passava pela minha cabeça o seguinte: "Ah, está tão bom, o que mais posso querer? Eu já melhorei bastante na vida. Agora quero dar uma sossegada!". Ou seja, eu ainda nem tinha feito trinta anos e já corria o risco de me apegar à zona de conforto. Aquelas primeiras vitórias mais pareciam um convite ao comodismo.

Será que é assim mesmo com todo mundo? A pessoa sonha, acredita, põe o projeto em prática com muito trabalho, dedicação e persistência e, quando conquista o primeiro objetivo, já dá uma relaxada? Afinal, a vida não é só "matar um leão por dia". Precisamos ter tempo também para as alegrias e os pequenos prazeres. Está certo, sem dúvida: quem batalha para valer tem todo o direito de desfrutar as próprias conquistas. É tão bom aproveitar a vitória! É tão gostosa a sensação de satisfação e plenitude conquistada com o próprio esforço. Hoje, aprendi que esse processo é natural e até saudável. A pessoa só não pode é cair na tentação de aceitar o convite para voltar — e se instalar — na zona de conforto. Corri esse risco, mas não cheguei a cometer o equívoco. Embora às vezes eu até sentisse vontade de sossegar, minha dimensão lógico-racional nunca parou de fazer planos de ação — nem quando eu estava na praia de Maragogi, como já contei no capítulo 3.

Por isso, hoje em dia, especialmente quando converso com alguém sobre desenvolvimento de carreira, tenho sempre o cuidado de alertar para os perigos do comodismo. Tem gente que, já nas primeiras conquistas, está pronto para se aposentar da vida e se aconchegar de novo na inércia. É muito difícil sair da paralisia e entrar em ação; em compensação, é muito fácil voltar para a zona de conforto... Então, não arrume desculpas: depois de uma vitória e da natural, saudável e necessária fase de celebração, a pessoa tem mais é que arregaçar de novo as mangas e se engajar na superação das próximas metas. Quando falo isso, um dos contra-argumentos que mais ouço é o seguinte: "Será que sou obrigado a querer sempre mais? O que eu TENHO já está tão bom. Não sou muito ambicioso, não. Não quero mais nada da vida além do que já conquistei".

Ambição é diferente de ganância

Por já ter vivenciado esse mesmo sentimento no começo da minha carreira, acabei aprendendo a fazer uma distinção bem clara entre ambição e ganância. Para mim, a ambição é sempre vantajosa e benéfica, enquanto a ganância é danosa e maléfica. A pessoa ambiciosa deseja melhorar de vida para SER mais feliz, o que é lícito; já a gananciosa quer TER mais para satisfazer a própria vaidade. A pessoa ambiciosa acredita que é possível melhorar de vida praticando valores éticos; a gananciosa não acredita em nada e considera os valores éticos um obstáculo aos seus objetivos. Para o ganancioso, é preciso TER mais, não importa que os outros fiquem sem nada. A pessoa ambiciosa tem o espírito livre; já a gananciosa é refém do desejo de possuir sempre mais. A diferença entre o remédio e o veneno está no tamanho da dose: a ambição, mesmo sendo benéfica, nunca pode ser a qualquer custo, porque assim muda de lado e se torna pura ganância.

Então, para quem me diz que não quer mais nada da vida, eu respondo fazendo essa diferenciação entre ambição e ganância. Outro dia, porém, conversando com Oscar Motomura,* ele deu uma contribuição valiosa para definir melhor essa ideia: "Em vez de falar em ambição, que mesmo bem explicada ainda pode trazer um viés negativo, prefiro dizer que, para ser feliz, a pessoa precisa ter sempre a 'aspiração de melhorar'". Como minha cabeça está constantemente aberta e toda colaboração é bem-vinda, já adotei essa expressão usada por ele. Daqui para a frente, em vez de falar em ambição, vou descrever esse sentimento como "a aspiração de melhorar de vida". Achei a observação inteligente e fruto do interesse genuíno em contribuir — algo típico do Oscar Motomura.**

Todos deveriam ter bem claro na cabeça que sonhar não é crime e ter aspirações não é pecado. Bem ao contrário. Nossa felicidade mais íntima está, de fato, no movimento, na abertura de perspectivas, na evolução, isto é, na melhoria contínua. Para ser feliz, você vai ter de descobrir suas aspirações, porque só quem está continuamente melhorando consegue se sentir realizado, pleno e feliz. Não cometa o equívoco de acreditar que se você parar e se satisfizer com o que já conquistou, vai permanecer no mesmo lugar. No longo prazo, não vai, não. A inércia é a morte em vida. O que não está em evolução já está involuindo. O que fica estagnado não é sustentável. Na prática, vejo isso acontecer tanto na vida das pessoas quanto no dia a dia da gestão das empresas. Alvo parado é alvo fácil. Então, não pare nunca!

Quando falo que sou contra a aposentadoria, às vezes, me olham com estranheza. Por isso, me explico melhor: é claro que a pessoa

---

* Já falei sobre Oscar Motomura neste livro. Ele é fundador e CEO do Grupo Amana-Key, organização especializada em inovações radicais em gestão, estratégia e liderança.

** Entre outros tantos motivos, foi por isso que convidei Motomura para escrever o posfácio deste meu livro. Leia, lá no final, as palavras dele sobre a nova Filosofia de Gestão.

que trabalhou e contribuiu para a Previdência (pública e/ ou privada) por trinta anos (ou mais) tem todo o direito de se aposentar — e com um bom valor de benefício (o que é bem raro!). Mesmo assim, não consigo concordar que alguém me diga: "Olha, já trabalhei muito. Agora posso viver o resto da minha vida sem fazer nada". Quando a pessoa tem boa saúde, só de pensar nisso fico meio aborrecido. Não posso concordar que alguém abra mão de todas as suas potencialidades só porque já trabalhou em determinada profissão por mais de trinta anos. Tudo bem, aquela contribuição ela já ofereceu à sociedade. O que mais pode compartilhar de bom com os outros? O que mais sabe fazer? Ou o que sabe fazer tão bem que não pode deixar de fazer nunca?

Vejo, por exemplo, o meu pai:* ele trabalhou em indústrias de autopeças a vida inteira, especificamente na fabricação de freios. Hoje, é aposentado pela Previdência Social, mas nem por isso está com a alma aposentada. Montou uma oficina no quintal da casa dele, onde recupera sistemas de frenagem — um serviço superespecializado e que precisa de muita experiência técnica e credibilidade profissional. Tudo isso ele tem de sobra, então, por que deixar de ACREDITAR, PRATICAR, aprender mais e continuar a MELHORAR? Independente da idade, por estar sempre se aprimorando, as pessoas lhe oferecem projetos desafiadores na especialidade dele. E basta ouvi-lo contar como foi que conseguiu reparar um sistema de freio complexo, que seria simplesmente trocado e descartado, para ter certeza de que aquele trabalho diário o faz FELIZ. Meu pai foi e continua a ser um líder para mim. Por isso, ouvi-lo falar com orgulho de seu trabalho é muito legal. Dá para perceber que ele está vivo, feliz e ainda com muito valor para agregar. Como ele, eu não tenho a menor pretensão de me aposentar na vida. Nunca.

---

* A importância e a influência do meu pai estão detalhadas no capítulo 1.

A maior aspiração corporativa

Assim como a maioria das pessoas tende a se acomodar — especialmente sobre os louros das conquistas mais recentes — depois de passar por um processo vitorioso de inovação ou modernização, é comum que as empresas também retornem à zona de conforto — ou até mesmo criem outra. Pode até ser que essa nova zona de conforto esteja em um patamar mais elevado de eficiência, mas, ainda assim, estará contaminada por uma boa dose de inércia e estagnação — as principais adversárias da melhoria contínua, seja na vida da gente, seja no desempenho de uma empresa.

Pela minha experiência, as pessoas mais felizes são aquelas que estão sempre se aprimorando. E a empresa que conta com colaboradores felizes consegue engajá-los com mais naturalidade e espontaneidade nos processos de melhoria contínua. Como consequência, sua operação vai ser mais eficiente e estará em vantagem competitiva diante da concorrência. Isto é, vai conseguir produzir mais e melhor com custos menores e, portanto, poderá oferecer continuamente ao mercado bens ou serviços que encantem os clientes e que tenham preços competitivos. Essa deve ser, em minha opinião, a maior aspiração corporativa.

Nos capítulos anteriores, já propus que a gente elimine das nossas vidas alguns conceitos antiquados do modelo tradicional de gestão. Como já disse, sou completamente avesso ao "Manda quem pode, obedece quem tem juízo" e ao "Faça o que eu digo, mas não faça o que eu faço". Agora, está na hora de propor outra ideia. Também considero muito conservador e retrógrado aquele raciocínio de que "Tudo que é bom é mais caro". Bem ao contrário. Em minha opinião, os processos de melhoria contínua das empresas devem ter dois propósitos: 1) obter ganhos de eficiência para 2) oferecer produtos e/ou serviços de alta qualidade por preços mais competitivos. Portanto, em vez de ser mais caro, aquilo que é bom fica cada vez mais competitivo, tornando-se mais acessível a um número maior de pessoas.

Se você entender o propósito mais profundo dessas ideias, acreditar nelas e colocá-las em prática, posso garantir que, antes mesmo dos colaboradores e dos acionistas, o seu executivo financeiro ficará muito satisfeito. Sabe aquela fortuna que ia ser investida para construir e/ou consolidar a reputação da sua marca e dos seus produtos? Esse "investimento" poderá ser repensado — ou significativamente reduzido — sem nenhum remorso ou dano secundário. Sabe por quê? Porque os clientes são naturalmente fiéis às marcas capazes de oferecer produtos de qualidade por preços mais competitivos — desde que esse objetivo seja atingido sem causar danos às pessoas e ao ambiente. De que adianta ser mais eficiente e competitivo destruindo florestas ou fazendo demissões em massa? Gerindo assim, pode estar certo de que, futuramente, será preciso gastar uma fortuna para polir a reputação da sua marca. A consciência dos clientes evolui cada vez mais. Ninguém aceita mais interagir e consumir produtos de uma empresa danosa às pessoas ou ao ambiente.

Sim, na prática, tudo é simples assim... A fidelização dos clientes resulta fundamentalmente da retroalimentação do processo de melhoria ao longo do eixo do tempo. E falo com propriedade, porque já conto com um registro histórico da mensuração dos resultados alcançados na empresa em que estou à frente da gestão. Além disso, também já acompanhei a implementação desses conceitos em várias organizações, dos mais diversos portes e setores de atuação, que fazem benchmarking conosco:* desde um pequeno restaurante de culinária japonesa até uma indústria de bens de consumo com faturamento de bilhões, ou ainda um fundo de investimentos com uma carteira bilionária de ativos, além de muitas empresas públicas.

Portanto, depois de ACREDITAR e PRATICAR, nossa Filosofia de Gestão nos leva ao seu terceiro pilar, que é o verbo MELHORAR, apoiando-se em ENGAJAR e SUPERAR. Essa é uma das grandes mis-

---

* Nossa empresa tem sido exemplo de excelência (benchmark) no mercado brasileiro e latino-americano, e, por isso, nos últimos anos, mais de setecentas pessoas de quase duzentas empresas dos mais variados portes e setores de atuação já participaram dos nossos Fóruns BPIS (*believe, practice, improve, share*) para fazer benchmarking conosco, como você verá no capítulo 8, que aborda o quarto pilar da nova Filosofia de Gestão: o verbo COMPARTILHAR.

sões do líder: cuidar para que a companhia seja incansável na busca por ganhos de eficiência pela prática de processos de melhoria contínua — sem jamais retroceder à zona de conforto. Mas, para que uma organização se mantenha assim tão dinâmica e competitiva, antes é preciso despertar e estimular as mais elevadas aspirações dos próprios colaboradores. Essa é a condição essencial para que todos se sintam motivados a ENGAJAR a mente, o corpo e o coração no trabalho diário com o propósito de SUPERAR as metas continuamente. A melhoria contínua acontece de dentro para fora: dos colaboradores para os processos e depois para o mercado; não adianta ser imposta de cima para baixo. Tudo nasce e se desenvolve a partir das pessoas e para as pessoas.

É o estudo que faz "a" diferença

Na nossa vida, um dos caminhos mais seguros que conheço para colocar em prática o verbo MELHORAR é estudar. Quando a gente é jovem, às vezes, acha a escola muito chata. Pelo menos, tenho de admitir que eu achava. Não via muita conexão entre o que os professores queriam me ensinar em sala de aula e a minha vida fora da escola. Não conseguia dar valor aos estudos. Eu fazia por obrigação. Na verdade, até o fim do ensino médio, estudei porque meus pais me obrigaram. Com toda essa falta de motivação, claro, não conseguia ser mais do que um aluno mediano. E o resultado disso foi que, na hora do vestibular, eu não tinha uma base sólida de conhecimentos. Então, por mais que me esforçasse, não deu para passar na faculdade dos meus sonhos: por falta de opções, eu me formei naquela que minha competência elevada ao máximo me permitiu ser aprovado — e que meu salário conseguiu pagar.*

---

* É bom lembrar que, naquela época, ainda não existiam o Fies (Fundo de Investimento do Ensino Superior) nem o Prouni (Programa Universidade para Todos) para eu tentar um crédito estudantil. Até existia o que chamávamos de crédito educativo, mas minha renda, mesmo baixa, não permitia que me enquadrasse nos critérios.

Atualmente, pode estar certo de que não tenho nenhum orgulho de ter sido tão descrente da educação formal. E se conto isso agora no livro, é para inspirar você a encontrar nos estudos a melhor ferramenta de transformação da sua vida. Só fui aprender a gostar de estudar na faculdade. Mesmo sendo apenas um aluno mediano, eu sempre conseguia ser aprovado. Se não era brilhante, também não fazia o tipo repetente. Muito menos aquele que perde as férias por causa das infinitas aulas de recuperação. Eu cumpria estritamente minha obrigação: passava de ano na média, meio que raspando no limite, e ia curtir minhas férias.

Até o ensino médio, essa atitude me parecia suficiente — infelizmente. Mas, na faculdade, a história mudou. O nível de exigência aumentou e posso garantir que... as duas primeiras notas vermelhas a gente nunca esquece! Para mim, foi de fato um choque. Por várias razões: primeira, eu não estava acostumado a me dar mal; segunda, eu me senti muito humilhado diante dos meus colegas por causa daquelas notas baixas; terceira, fiquei muito chateado diante dos meus pais, que me davam tanta força para eu estudar; e, por fim, se eu ficasse de DP, ia ter de pagar tudo de novo do meu próprio bolso.

Naquela época, achei a situação bem desagradável. Já hoje, reconheço que aquelas duas notas vermelhas, uma em matemática básica e outra em contabilidade de custos, foram o empurrão, o QUASE que eu estava precisando para mudar de atitude em relação aos estudos. Passado o choque inicial, tomei uma providência. Comprei uma mesa e uma cadeira desmontáveis — dessas de boteco, bem baratas — e coloquei no meio do meu quarto. Estava inaugurando minha primeira escrivaninha. Ia precisar de um lugar mais cômodo para estudar, porque precisaria ralar muito para compensar a falta de base que eu carregava desde o ensino médio. Até tentei estudar usando a minha cama mesmo, mas acabava dormindo, e, no dia seguinte, o livro estava todo amassado. A mesa e a cadeira ajudaram a manter meu foco e a aumentar minhas chances de êxito.

E assim foi... me organizei, fiz um plano de estudos e me dediquei tanto que consegui escapar das DPs. Aí, a sensação de vitória por ser capaz de usar todas as minhas potencialidades foi tão positiva que acabei tomando gosto: aprendi a ter prazer em estudar e nunca mais tirei nota vermelha. É gostoso ir bem nas provas e perceber que a gente é capaz de aprender tudo o que nos ensinam. Na faculdade, tive mais uma comprovação de que quando se quer, acredita e batalha pelos próprios objetivos, a gente consegue. Todo mundo é capaz. Todo mundo pode, tem potencial e consegue chegar lá. Os melhores professores são aqueles que conseguem fazer a gente aprender essa lição fundamental. Eu tive alguns, felizmente.

Paralelamente a essa minha experiência, tenho de contar que tive ainda outro exemplo inspirador em relação aos estudos. Assim como eu, minha esposa (namorada, na época) trabalhava o dia inteiro e fazia o ensino médio à noite em uma escola pública. O sonho dela era entrar em uma faculdade de comércio exterior.* Desde garota, sempre teve essa vontade de "virar o mundo do avesso"; nasceu com alma de globe-trotter.** Mas ela também já sabia que, com essa vocação, para ser bem-sucedida era imprescindível falar inglês fluentemente. Com certeza, as aulas desse idioma no colégio público não bastavam. Ela estava, portanto, diante de um obstáculo bem real e concreto: não tinha tempo livre nem dinheiro para cursar uma boa escola particular de inglês.

O que fazer, então? Chorar? Ficar com raiva? Xingar? Lastimar-se? Desistir do sonho? Essas alternativas nunca fizeram o estilo dela. Sem dizer nada para ninguém, nem para mim, ela traçou um plano de ação. A primeira providência foi procurar — e encontrar — um bom professor de inglês, que estivesse disposto a dar aulas particulares todos os domingos pela manhã — das oito ao meio-dia. Era o único horário disponível entre o trabalho e a escola de segunda a sexta. No sábado, ela estudava e fazia os trabalhos, pois durante a semana não sobrava tempo. Depois de achar o professor de inglês, foi

---

* No capítulo 3, conto essa e várias outras contribuições que minha esposa ofereceu para minha formação e atual desempenho como líder.

** Globe-trotter (do inglês): pessoa que viaja com frequência por todos os cantos do mundo para fazer negócios ou mesmo a passeio.

procurar — e encontrar — mais quatro colegas dispostos a estudar para valer. Queria dividir por cinco o preço das aulas particulares. Essa missão foi mais difícil. Muitas pessoas diziam ter o sonho de falar inglês fluentemente, mas poucas queriam sacrificar as horas de sono ou os passeios aos domingos pela manhã.

Para falar a verdade, até eu cheguei a reclamar com ela: "Putz! Aulas de inglês todos os domingos entre oito e meio-dia é demais! Que horas a gente vai se ver? Não sobra tempo para nós?". Em vez de reagir mal à minha pressão egoísta (admito!), com toda a calma, ela sorriu e respondeu: "Sem inglês fluente, eu acabo com as minhas chances em comércio exterior. Nem preciso entrar na faculdade, porque não vou conseguir nem o primeiro emprego... Concorda?". Minha dimensão lógico-racional foi obrigada a concordar. Então ela concluiu o raciocínio: "Aos domingos pela manhã, consegui um bom professor. Além disso, está todo mundo bem motivado: quem topa ter aula dominical é porque está mesmo 'a fim'... Assim, consegui aulas por um preço que posso pagar no único horário que eu ainda tinha livre...". Resultado: ela se formou em comércio exterior com inglês fluente, conquistou a carreira que planejou, e nós conseguimos encontrar tempo para namorar aos sábados à noite e aos domingos à tarde.

Você não acha que o mínimo que eu podia fazer era me inspirar na minha namorada? Junto com esse exemplo positivo e motivador, aquelas duas notas vermelhas no início da faculdade foram — e ainda são — muito úteis para mim. Naquela época, o risco de ser reprovado foi o que me tirou da inércia em relação aos estudos. E nunca mais voltei à zona de conforto: depois da graduação em administração, eu ainda consegui encontrar tempo e espaço na agenda — entre o trabalho e o lazer — para cursar pós-graduação e fazer especializações, no Brasil e no exterior. E a maior lição que eu tirei de tudo isso foi o prazer de estudar, aprender sempre mais, abrir perspectivas, querer saber, questionar e, principalmente, perder a vergonha de fazer perguntas bobas até entender como é possível fazer diferente para fazer "a" diferença...

Circunstâncias difíceis não são imutáveis

Isso é o que tento inspirar hoje nos outros: a melhoria contínua nos faz cada vez mais felizes. O estudo e o acesso à informação são os instrumentos mais efetivos que eu conheço para transformar as circunstâncias — dentro de nós e ao nosso redor. Melhoram a nossa vida e também a das pessoas que a gente mais ama. Então, quando estou olho no olho com algum dos nossos colaboradores, sempre acabo falando nisso. É bem comum que a própria pessoa tome a iniciativa de me contar os seus sonhos. Dou a maior força. Procuro motivar, inspirar e — mais do que isso — ouço com interesse genuíno. Sempre digo que todos podem sonhar e realizar: basta ACREDITAR, PRATICAR e MELHORAR.

Só fico aborrecido e um pouco frustrado quando encontro alguém que admite não ter vontade de estudar, ou seja, não tem a aspiração de melhorar de vida. Como todo mundo tem o direito de ser como é, eu procuro ouvir mais para entender. Essa história de não querer mais nada é um equívoco, mas, às vezes, a pessoa se esconde atrás desse argumento até por motivos nobres. Não é raro, por exemplo, alguém alegar que não pode voltar a estudar porque prefere oferecer o melhor para os filhos: "É a vez deles. Meu tempo já passou. Agora meu sonho é ver os meus filhos formados, com um bom emprego. Um dia, quero que eles possam dar uma vida bem melhor para os meus netos". Bom, já é uma aspiração, e respeito essa decisão... Refleti bastante sobre esse ponto. Cheguei à conclusão de que, talvez, se fosse preciso, eu também abriria mão dos meus sonhos em favor dos meus filhos. Afinal, é a mesma opção feita pelo meu pai e minha mãe: eles nunca voltaram a estudar porque queriam oferecer o melhor aos filhos. E realmente ofereceram e conseguiram nos encaminhar muito bem na vida. Na nossa família, esse enredo teve final feliz.

Mesmo assim, sempre que penso nisso, logo me pego indo com o raciocínio para outra direção: com a inteligência, a perspicácia e a dedicação que meus pais sempre tiveram, já imaginou o que poderiam ter conquistado? Não falo apenas sob o ponto de vista do TER, mas, em especial, da oportunidade de SER. No mínimo, poderiam ter oferecido uma vida muito melhor — e também mais tranquila financeiramente — para eles próprios e para os filhos. Será? Acredito que sim. E, por de fato acreditar nisso, hoje, quando alguém me diz que não vai voltar a estudar porque agora é hora de pagar a escola dos filhos, eu entendo e respeito. Mas não desisto e uso um último argumento: "Pode ser que você não se sinta mais tão jovem, mas tenho certeza de que ainda tem tempo e potencial para atingir os dois objetivos: ser mais feliz e alavancar a vida dos seus filhos — o que vai fazer todos vocês ainda mais felizes hoje, amanhã e daqui a vinte anos!".

Em minha opinião, em vez de acertar o alvo, essa suposta competição por recursos escassos entre pais e filhos pode ser um tiro pela culatra. Os pais dão a desculpa de que não podem voltar a estudar porque querem arcar com a escola dos filhos. Por sua vez, os filhos dão a desculpa que não querem sobrecarregar os pais e acabam abandonando cedo os estudos. Arrumam qualquer emprego e param imediatamente de se desenvolver. E aí entra todo mundo no ciclo da estagnação e da inércia. Você já não viu isso acontecer com tantas outras famílias? Será que essa é mesmo a melhor opção? Com sinceridade, acho que não. Daqui a vinte anos, em vez de ser mais feliz, vai estar todo mundo arrependido por não ter estudado mais e não ter batalhado mais para começar a melhorar de vida — hoje, já, agora, de imediato.

Outras vezes, entretanto, reconheço que, nessa conversa sobre desenvolvimento de carreira e estudos, muita gente se encontra diante de dificuldades bem concretas. Existem circunstâncias que podem realmente nos parecer intransponíveis. É por isso que eu digo que ouço os outros sempre com interesse genuíno. Minha disposição é inspirar a pessoa a encontrar o caminho para construir a própria felicidade. Mas tenho plena consciência de que a aspiração e a inspiração, às vezes, não bastam. Quando as circunstâncias são muito difíceis, a pessoa pode precisar de uma força extra para conseguir encaminhar o sonho e viabilizar um plano de ação. Por esse motivo, criamos na empresa um programa chamado

Mais Apoio. Nele, o colaborador conta com o suporte de uma equipe de profissionais especializados com um único objetivo: ajudar a encontrar a melhor solução viável para o seu problema — que, momentaneamente, pode ser muito complexo e até doloroso. A pessoa procura esse apoio quando quiser e, se preferir, pode ser de forma anônima.

Junto com meu time, a inspiração para implantar o Mais Apoio foi uma frase do filósofo espanhol Ortega y Gasset:* "Eu sou eu e minha circunstância. Se não salvo a ela, não salvo a mim". Isolada e mal interpretada, a primeira frase pode parecer até meio determinista: é o reconhecimento explícito de que cada pessoa tem seus problemas específicos e particulares e que ninguém é capaz de evitar, escapar, fugir ou se esconder deles. Já a segunda frase, para mim, é uma injeção de ânimo e esperança: está certo, ninguém escapa das próprias circunstâncias... mas todo mundo é capaz de lutar para mudá-las e efetivamente ser o agente de transformação da própria vida; fazer uma mudança para muito, muito melhor. Há sempre uma solução viável, por piores que sejam as circunstâncias. Por isso, quando você achar que precisa de apoio, saia da inércia e vá procurar ajuda. Então, avalie as possibilidades, encontre as alternativas, faça uma escolha (nem que seja apenas a "menos pior"), tome uma decisão, trace um plano de ação e... AJA. Minha melhor dica é: comece já a fazer algo novo.

Até o bom padrão é ruim no longo prazo

Ao receber o "convite" para me tornar gerente de compras,** o CEO disse que estava precisando da minha ajuda, lembra? Pois é... Um dos primeiros desafios que ele me passou foi o aprimoramento da gestão dos contratos das empresas prestadoras de serviços. Esse era um ponto crítico da nossa operação, porque essas equipes eram as

---

* José Ortega y Gasset (1883-1955) criou um sistema filosófico baseado na razão vital.
** Na verdade, não foi um convite: a história completa está lá no capítulo 3.

responsáveis por atividades-chave, como a construção e a manutenção de redes elétricas, além da ligação de novos clientes. O desafio era atender ao mesmo tempo a dois objetivos bastante ambiciosos: obter ganhos de eficiência e elevar o patamar de qualidade e controle desses serviços. Além disso, era preciso gerir melhor os riscos de ter de assumir uma dessas operações quando uma das contratadas quebrava — infelizmente algo frequente na época. Convidei mais dois colaboradores para enfrentar comigo esse desafio. Fizemos um extenso trabalho de diagnóstico, análise e seleção de soluções viáveis. Nosso primeiro olhar deu foco a tecnologia, sistemas e controles caros e complexos. Encontramos soluções incríveis, desenvolvidas especificamente para o trabalho de campo em redes elétricas. Só faltavam fazer o trabalho sozinhas de tão modernas! Parecia um sonho, mas tinha um problema: o investimento altíssimo e o tempo necessário para viabilizar a solução a tornava ineficaz para nós naquele momento.

Quando um caminho se mostra inviável, nunca me conformo; sempre busco outra saída. E fico com o estado de espírito de um leão enjaulado. Meu pensamento roda de lá para cá, gira, volta, para, recomeça a fluir e pega de novo o fio da meada até que eu faça as perguntas que parecem me levar às melhores respostas. Por exemplo: "Mas será que é apenas de mais tecnologia e dinheiro que estamos mesmo precisando? Se a solução tecnológica não é por si só a mais eficaz, qual seria a alternativa?". Com essas questões girando na cabeça, refizemos toda a análise e chegamos à conclusão de que não estávamos diante de um problema; tínhamos em mãos uma oportunidade: em vez de aprimorar a gestão das contratadas, o melhor era não ter contratadas! Será? Era uma ideia na contramão do mercado.

Mais uma vez, voltamos a fazer análises e projeções exaustivas até demonstrar o seguinte: de fato, nós não precisávamos investir apenas em novas tecnologias; a solução era ainda mais complexa, porém, muito mais eficiente. Poderíamos naquele momento deixar de trabalhar com 7800 funcionários entre diretos e indiretos e passar a contar com 4 mil colaboradores diretos.* Em seguida, com um investimento muito menor, mas específico e efetivo, poderíamos modernizar de vez os processos. Tínhamos, na verdade, que implantar um projeto baseado em máquinas e pessoas para fazer algo totalmente diferente do padrão de mercado. Estávamos conscientes, no entanto, de que as pessoas estavam no centro desse grande aprimoramento. A primeira providência, então, foi abrir 1500 vagas de eletricistas, projetistas e técnicos. Uma parte veio das próprias prestadoras de serviços; a outra, do mercado: contratamos profissionais para treinar do zero. A segunda medida foi criar nossas escolas internas a fim de capacitar gente sem qualquer experiência no setor, tendo como professores os melhores profissionais que já trabalhavam conosco. Nossas escolas de eletricistas deram tão certo que hoje temos inclusive uma universidade corporativa de ótima qualidade.

Eu ainda não tinha plena consciência disso, mas o que estava acontecendo ali é que aquelas 1500 pessoas recém-contratadas estavam começando a ACREDITAR em si mesmas. Estavam entendendo que eram capazes e tinham todas as potencialidades necessárias para melhorar de vida. E quem se desenvolve e sente a vida melhorar, realiza o trabalho diário com mais qualidade. Foi exatamente isso que aconteceu. Depois de ACREDITAR, nossos colaboradores — desde os recém-contratados até os que já estavam na empresa havia anos — começaram a PRATICAR. No início, muita gente ainda estava presa ao passado; por isso, patinamos por um tempo.

Somente em 2011 conseguimos encerrar a revolução das máquinas e começar para valer a verdadeira revolução — a das pessoas. Espontaneamente, os grupos formados por alunos e professores começaram a questionar COMO as atividades eram realizadas em campo. Assim, pouco a pouco, essa iniciativa foi transformando nossos processos. A lucidez, sinônimo de consciência plena, trouxe uma nova vi-

---

* Pelos outros capítulos, você já sabe que, para mim, funcionário é apenas "aquilo que funciona", e colaborador é a pessoa disposta a oferecer a sua melhor colaboração para que as metas sejam sempre atingidas e/ou superadas. Com isso em mente, essa frase ganha um sentido bem mais amplo, não é?

são. Todos absorveram a ideia de que MELHORAR era nossa nova razão de ser, e nossa missão era colaborar uns com os outros. Por exemplo, foi assim que superamos um dilema causado pelo próprio sucesso do projeto. Havíamos feito um investimento significativo em máquinas, que, portanto, não podiam ficar sem produzir, enquanto as pessoas eram treinadas para usá-las. Mas, se não treinássemos os colaboradores para usá-las, as máquinas também não produziriam com a esperada eficiência. Então, nosso time de eletricistas somou esforços com os colaboradores da área de recursos humanos e juntos criaram um simulador incrivelmente realista da operação das máquinas. Como a maior parte das sessões de treinamento deixou de ocupar os novos equipamentos reais, a produtividade deu um salto. Assim como essa, foram adotadas organicamente muitas outras atitudes. Cerca de seis meses depois, nosso jeito de realizar as atividades de campo já estava diferente. Com a colaboração direta de todos, cada processo foi readequado e já estava MELHORANDO em proporções fantásticas.

    Antes da nossa revolução das pessoas, quando alguém pedia os detalhes de uma tarefa, a resposta mais parecia uma decoreba: "A gente faz assim, assim... depois espera que... e, no fim, assim e assim". Por que você faz assim? "Porque a gente sempre fez assim" ou "Porque foi assim que me ensinaram a fazer". Com toda a atenção, dedicação e boa vontade, a pessoa está reproduzindo aquilo que aprendeu. Quando é chamada a cumprir uma tarefa, vai lá, faz dentro do prazo e pronto! Está errado? Não, não está ERRADO. Mas, com certeza, está na zona de conforto, bem acomodado na inércia. A princípio, a reprodução de um bom padrão de qualidade pode parecer positiva, mas, ao longo do tempo, esse é o primeiro passo rumo à estagnação. Ou seja, no longo prazo, até o bom padrão fica ruim. Foi assim que tomei consciência de que as pessoas são o fator prioritário de qualquer processo de melhoria contínua. Por acreditar nisso, daí em diante, não parei mais...

    Hoje, como CEO, posso focar nas pessoas e valorizá-las sem medo de julgamentos ou de que me digam que "estou abraçando árvores". No final de cada trimestre, tenho avaliações, mensurações e registros históricos que comprovam os resultados tangíveis, que geram nossa felicidade. Porém, logo no início na posição de CEO, meu grande desafio foi conseguir colocar em prática as minhas convicções de líder na empresa inteira, engajar todo mundo de vez e em definitivo. Os primeiros meses não foram de fato um "passeio no parque". Já contei para você os obstáculos e resistências iniciais, mas, depois que literalmente realizamos o funeral do modelo tradicional de gestão,* passei a receber todo o apoio dos colaboradores na consolidação de uma cultura organizacional focada na melhoria contínua. Rapidamente todos começaram a compartilhar os benefícios: você põe toda a sua energia para melhorar a própria vida; a empresa lhe ajuda a transformar seus sonhos em planos de ação; dessa maneira, nós somos todos mais felizes — e lucramos juntos. A empresa se beneficia com a felicidade das pessoas, pois seus resultados financeiros não param de aumentar. Quanto mais felizes são os colaboradores, mais animados e dedicados eles trabalham. O resultado positivo está em tudo: na carreira, no salário, na participação nos lucros, na qualidade de vida da pessoa e da família... Eu digo sempre que isso é sustentabilidade na prática.

A aspiração de melhorar é contagiante

Uma vez, assistindo a uma partida de futebol, tive a oportunidade de observar como a inércia é implacavelmente nociva. Era o segundo jogo de uma semifinal e, para vencer, um dos times precisava ganhar por uma diferença de, no mínimo, dois gols. Os jogadores entraram cheios de garra e já no primeiro tempo garantiram o resultado: aos 42 minutos, chegaram aos necessários dois a zero. Satisfeitos com o placar, no segundo tempo, entraram em campo na retranca. Em vez de manter a estratégia arrojada de ataque, quiseram segurar o resultado por mais 45 minutos. E acabaram perdendo de virada por três a dois. Você também já viu isso acontecer, tenho certeza. Infelizmente, dessa vez era o meu time. Foi lastimável...

---

* A história completa do funeral do modelo tradicional de gestão está no capítulo 5.

Mais tarde, de cabeça fria, cheguei à seguinte conclusão: a retranca pode até parecer um lugar confortável, mas o time adversário vai ter tempo de sobra para atacar e buscar as brechas na defesa. E, claro, a maior probabilidade é que encontre o caminho do gol. Trazendo o raciocínio para o mundo corporativo: para ficar em vantagem competitiva, nenhuma empresa pode se acomodar na zona de conforto das conquistas e resultados do passado. A concorrência não espera ninguém descansar sobre os louros. Com a derrota do meu time jogando na retranca, eliminei da minha vida mais uma daquelas verdades institucionalizadas. Aquela conversa de que "Não se mexe em time que está ganhando" não está com nada. Mudar sempre para melhorar continuamente é o único caminho — da felicidade e do lucro.

Depois de vencer as resistências iniciais e promover as primeiras mudanças na empresa, o que observamos foi justamente esse fenômeno. Nossa eficiência deu um salto e, logo em seguida, estabilizou-se outra vez em um platô. Isto é, depois da evolução, veio um período de reacomodação na zona de conforto, que poderia se prolongar caso não houvesse um novo estímulo. Por isso, abri com o nosso time de diretores uma discussão sobre o poder da inércia. E, como ninguém ali estava disposto a "jogar na retranca", criamos o programa Mudar para Evoluir. Nosso gol é aproveitar todo e qualquer estímulo — interno ou externo — para promover mudanças contínuas. Foi a forma que encontramos para nos obrigar a ficar fora da zona de conforto, bem longe da inércia.

Com o Mudar para Evoluir, definimos o seguinte: todos os processos da empresa têm de necessariamente MUDAR no máximo a cada dois anos. Mesmo aqueles que, ao que tudo indica, estão com um bom padrão de desempenho. E não estou falando aqui de revisão, readequação ou adaptação. Sempre que recebemos um estímulo interno ou externo, reescrevemos do zero todos os processos envolvidos naquela atividade. E se o estímulo não surgir de maneira natural, cada um dos nossos processos será analisado e num prazo de até 24 meses passará obrigatoriamente por mudanças para torná-lo mais simples e mais eficiente. Para nós, essa é a única maneira de a companhia se manter moderna, próspera e atualizada com as novas demandas dos clientes, dos colaboradores e até de se antecipar às exigências das leis regulatórias.

Na prática, o Mudar para Evoluir acontece da seguinte forma: havia chegado a hora, por exemplo, de mudar nosso processo de leitura dos medidores de consumo de energia e também o de entrega mensal das contas aos clientes. O estímulo para a mudança foi automotivado, pois, após uma análise técnica, financeira e comercial, verificamos que havia ali uma oportunidade para melhorar a relação custo-benefício desse serviço. Já seguindo os parâmetros da nova Filosofia de Gestão, o planejamento e a execução dessa mudança foram diferenciados. Fomos ao mercado contratar novos agentes de faturamento e criamos um módulo de treinamento especialmente para eles. Depois do trabalho diário, muitos deles frequentam o nosso curso noturno. Nas aulas, mais do que o conhecimento técnico, o importante é estimular o despertar da consciência e da autonomia. De forma espontânea, eles assumiram uma nova atitude e a "propriedade" do processo, chamando para si a responsabilidade de mudar o trabalho que realizavam no dia a dia. Em vez de reproduzir um bom padrão de trabalho, questionaram tudo e conseguiram agregar valor a uma das nossas atividades operacionais mais básicas. Reescreveram do zero todo o processo mensal de leitura de consumo e entrega das contas — com resultados excelentes e duradouros, que se desdobram até hoje em efeitos colaterais benéficos.

Assim como nossos eletricistas,* nossos agentes de faturamento também passaram a se considerar multifuncionais. Como medem mensalmente o consumo de energia, acharam que também deveriam se aproximar mais dos clientes e construir um relacionamento de confiança e credibilidade. Dessa maneira, nossos agentes dão avisos, divulgam as novidades da empresa e verificam o grau de satisfação com os nossos serviços. Olha, como CEO, eu já ficaria satisfeito por poder dizer que essa nova atitude deles tem contribuído para consolidar a reputação positiva da nossa marca. Mas há outro

---

* No capítulo 6, já contei como eles se organizam e trabalham colaborativamente.

benefício muito mais tangível: esse relacionamento reduziu expressivamente a inadimplência dos nossos clientes — de modo especial, entre as pessoas físicas, claro.

Só que um resultado positivo gera outro, como um efeito dominó. Nosso índice de refaturamento de contas (erros de leitura) estava por volta de 4% quando nossos agentes de faturamento decidiram buscar a superação de mais uma meta: índice zero em refaturamento de contas, ou seja, nenhum erro na emissão mensal das contas de energia. Já estamos bem próximos desse objetivo. Falta pouco. Mas o mais legal de observar é que essa nova meta foi definida por eles mesmos. E eles mesmos, como time, se organizam para atingi-la e depois superá-la. Isso é protagonismo real — natural e espontâneo. É melhoria contínua incorporada à consciência das pessoas e à nossa cultura organizacional.

Outra iniciativa dos agentes de faturamento — que sempre apoiamos — foi a que relato a seguir. Eles dizem que têm orgulho de pertencer à nossa equipe de trabalho e, por isso, andam na rua de cabeça erguida. E, enquanto isso, os olhos atentos fazem a vistoria da rede elétrica urbana. Somos a única empresa cujos cabos são inspecionados doze vezes por ano. Como consequência, a nossa capacidade preditiva de falhas foi muito ampliada. E mais: nossos agentes também se tornaram especialistas na detecção de fraudes. São os campeões da visualização de "gatos". Quando veem qualquer problema, avisam diretamente as equipes de eletricistas. Aqui, já se fecharia um círculo virtuoso de melhorias, mas os benefícios vão muito além dos ganhos de eficiência e do aumento da taxa de lucratividade operacional.

Nossa equipe de agentes de faturamento já se transformou em um de nossos celeiros de talentos. A pessoa começa a trabalhar, aprende e se desenvolve rápido. Dali a pouco, vira eletricista e volta a estudar. Depois de um tempo, já está aspirando a uma posição técnica melhor, e assim vai se aprimorando e crescendo na empresa. Depois que implementamos o programa Mudar para Evoluir, também alcançamos resultados positivos na gestão do conhecimento: as pessoas simplesmente deixaram de sonegar informações umas às outras. Agora, todo mundo compartilha COMO as áreas funcionam e/ ou COMO as atividades e os processos são realizados. Afinal, reter conhecimento para si mesmo deixou de valer a pena. As mudanças ocorrem de forma tão constante que o melhor mesmo é compartilhar, obter ajuda para fazer as melhorias e seguir em frente para o próximo desafio. É só assim que todo mundo melhora. Depois de perceber a efetividade dessa nova atitude, o engajamento pleno ocorre pelo lado afetivo. É quando a pessoa passa a se perguntar todos os dias: "Como é que eu posso contribuir para o meu desenvolvimento e dar a minha colaboração para que a mudança aconteça e a melhoria seja contínua para todos?". Felizmente, temos ainda muitos outros ótimos exemplos, e não posso deixar de pelo menos mencionar nossos agentes de relacionamento (*call center*), nosso Centro de Operação, analistas, técnicos, engenheiros, líderes, assistentes, enfim, todos os times e níveis hierárquicos.

Na nossa empresa, todo mundo é colaborador, e, portanto, isso significa que todo mundo pode dar a sua colaboração. Não é só conversa, não. Entre nós não existe aquela arrogância de se trancar em uma sala com ar-condicionado para definir estratégias, traçar táticas e redesenhar processos sem ouvir quem está com as mãos — e o cérebro — no dia a dia do negócio. Para mim, além de não haver o mito da solidão do CEO,[*] também não existem lideranças encasteladas. Nossos executivos são todos especialistas em ouvir com interesse genuíno e construir relacionamentos de confiança. E essa atitude participativa é incentivada por programas estruturados, que sistematizam nossa busca pela contribuição de todos os colaboradores. Considero a área de recursos humanos uma das mais estratégicas de qualquer empresa.

Há uns meses, em uma rodada do programa Papo Expresso,[**] um eletricista me disse como fica satisfeito por ter a chance de colaborar para o sucesso da empresa. Ele é da cidade paulista de Registro e faz faculdade de administração em Curitiba, que fica a 217 quilômetros

---

[*] Minha opinião sobre o mito da solidão do líder está lá no capítulo 6.
[**] No capítulo 6 expliquei como funciona o programa Papo Expresso.

de distância. A rotina não é fácil, mas ele não desiste. Está cheio de aspirações e entusiasmado com suas possibilidades de desenvolvimento. Nessa conversa, ele me contou que um professor pediu para que cada aluno elencasse as virtudes e os defeitos da empresa em que trabalha: "Márcio, eu fiquei feliz porque soube apontar as nossas virtudes e também os defeitos, mas, na frente dos problemas, consegui colocar as providências que já estamos tomando para resolvê-los".

Ele disse que o tal professor ficou curioso, porque não é comum um estudante do primeiro ano de administração saber tantos detalhes estratégicos sobre a empresa em que trabalha. Quis saber o nome da companhia e pediu mais informações: "Em que área você trabalha? No planejamento estratégico? Como é que sabe tudo isso sobre a sua empresa?". E nosso eletricista-estudante me contou a resposta que deu: "Não, eu sou eletricista, mas na minha empresa todo mundo tem a oportunidade de participar, colaborar e contribuir diretamente nos processos de mudança e melhoria". Posso garantir que, quando ouvi isso, eu me senti realizado e feliz! Tudo o que quero é ser capaz de inspirar as pessoas a realizar suas melhores aspirações.

Hoje, já posso afirmar e comprovar que o processo de mudança contínua começa com o respeito e a valorização das pessoas. É isso que desperta nelas a consciência de que cada uma é capaz de transformar para melhor a própria vida. Há alguns meses, ouvi Lourenço Bustani* afirmar com todas as letras que o nível de consciência de cada pessoa — e de cada empresa — é diretamente proporcional ao seu grau de lucratividade. Concordo em absoluto com essa afirmação. É muito mais do que dinheiro. Tomar consciência do próprio potencial é conquistar a possibilidade de viver em plenitude — é ser feliz.

Quando a pessoa se conscientiza e se apodera de sua autonomia, torna-se protagonista e se engaja com naturalidade na busca por

---

* Lourenço Bustani, eleito a 48ª pessoa mais criativa do mundo pela revista norte-americana *Fast Company*, é fundador da Mandalah, consultoria global de inovação consciente.

melhorias e pela superação de metas. Pela minha experiência em liderança, esse é o ponto de partida para que a missão, a visão e os valores de qualquer empresa deixem de ser apenas mais um quadro finamente emoldurado e dependurado na parede. É assim que as aspirações corporativas permeiam toda a organização e passam a ser colocadas em prática no dia a dia de trabalho de cada colaborador — sem exceção, do CEO ao jovem aprendiz. Não adianta nada tentar engajar por decreto emitido de cima para baixo. É com o engajamento espontâneo de todos que a melhoria contínua se torna incontrolável. Um resultado provoca outra consequência positiva. Uma melhoria colateral gera mais uma, duas ou três. Uma pessoa estimula a outra a se desenvolver. A aspiração de melhorar é simplesmente contagiante.

Direto ao ponto

- A vida não é só "matar um leão por dia". Quem batalha para valer também tem todo o direito de desfrutar as próprias conquistas. Só não pode é cair na tentação de voltar — e se acomodar — à zona de conforto.

- Quem diz que não tem ambições está abrindo a porta para o comodismo. Para ir atrás da própria felicidade, a pessoa precisa ter aspirações mais elevadas e nunca desistir.

- Para ter sucesso no processo de melhoria contínua, as empresas precisam transformar suas aspirações corporativas em visão estratégica.

- Depois de passar por um processo vitorioso de inovação ou modernização, a empresa entra em uma nova zona de conforto. Mesmo que o patamar de eficiência seja mais elevado, o caminho da estagnação está ali.

- A inércia é a maior adversária da melhoria contínua. É a morte em vida. O que não está em evolução já está involuindo. O que fica estagnado não é sustentável.

- A maior aspiração corporativa deve ser a vantagem competitiva proporcionada pela melhoria contínua, que se resume no seguinte: produzir mais e melhor com menor custo.

- Os clientes são naturalmente fiéis às marcas que oferecem qualidade por preço competitivo — desde que não causem danos colaterais às pessoas e ao ambiente.

- Esta é uma das grandes missões do líder: cuidar para que a companhia seja incansável na busca por ganhos de eficiência por meio da prática de processos de melhoria contínua.

- O estudo e o acesso à informação são os instrumentos mais efetivos que eu conheço para transformar as circunstâncias — dentro de nós e ao nosso redor.

- É um equívoco alegar que você não volta a estudar porque, por ora, precisa pagar a escola dos filhos: você tem tempo e potencial para ser mais feliz e alavancar a vida deles também, sem se esquecer de você mesmo.

- Às vezes, a pessoa pode se ver diante de problemas que parecem intransponíveis. Mas nem a circunstância mais difícil é imutável. Saia da inércia e procure ajuda.

- Quando um caminho é inviável, nunca me conformo; sempre busco outra saída. E fico com o pensamento girando até fazer as perguntas capazes de viabilizar uma solução.

- A nova Filosofia de Gestão desmente os seguintes ditados: "Manda quem pode, obedece quem tem juízo"; "Faça o que eu digo, mas não faça o que eu faço". E, no nosso dia a dia, eliminamos também o "Tudo que é bom é mais caro" e o "Em time que está ganhando não se mexe". Grandes equívocos.

- A simples reprodução de um bom padrão pode parecer positiva. No longo prazo, porém, até o bom padrão fica ruim. É o primeiro passo para a estagnação e a volta da inércia.

- É um círculo virtuoso: as pessoas mais felizes estão sempre se aprimorando, e a empresa que tem colaboradores mais felizes consegue engajá-los espontaneamente nos processos de melhoria contínua.

- Desenvolver o hábito de mudar para melhorar é a única maneira de uma empresa se manter moderna, próspera e atualizada com as novas demandas internas e externas.
- A melhoria contínua é contagiante e incontrolável: um resultado provoca outras consequências positivas; um efeito colateral gera mais dois ou três; uma pessoa estimula as outras, e nós somos mais felizes porque todos lucram. Vamos tratar do pilar COMPARTILHAR em nosso próximo capítulo.
- Eu afirmo e comprovo: o processo de melhoria contínua começa com o respeito e a valorização das pessoas.
- No momento em que cada pessoa toma consciência do seu potencial e se apodera da sua autonomia, torna-se protagonista da própria vida e se engaja na busca da autossuperação.
- A missão, a visão e os valores não podem ser apenas mais um quadro finamente emoldurado e dependurado na parede. É a convergência de propósitos entre as pessoas e a empresa que viabiliza o engajamento espontâneo e materializa essas ideias no dia a dia de trabalho.

CAPÍTULO 8

Compartilhar é o ápice da filosofia

Ainda bem jovem tomei consciência do meu protagonismo. Entendi logo que todas as ferramentas de que precisava para me desenvolver estavam dentro de mim mesmo. Ou seja, eu dispunha de todo o potencial necessário para melhorar minha própria vida. Extravasando energia positiva, meu primeiro impulso, então, foi contar a "novidade" para todos. Falava disso com meus pais, minha irmã, minha namorada, meus amigos, meus colegas de trabalho... Eu sentia uma necessidade muito forte e espontânea de ajudar os outros a também acreditar que tudo pode ser diferente. Ninguém está condenado a ser o que não quer. Todo mundo tem direito a uma oportunidade de SER... melhor e mais feliz! Adoro afirmar sempre que TODOS podem!

Por mais que haja obstáculos reais e circunstâncias difíceis, existem sempre as melhores soluções viáveis. Não há circunstância tão ruim que não tenha pelo menos uma possível alternativa de saída para uma situação menos dolorosa ou mais satisfatória. É questão de mobilizar energias, organizar-se, buscar ajuda (quando necessário!) e sair da inércia na direção certa... Eu queria muito — e ainda quero, por isso escrevo este livro — dividir todo o meu aprendizado, mostrar que não sou só eu que posso me desenvolver e até superar os meus próprios objetivos. Todo mundo deve ter aspirações e batalhar para efetivamente realizar o que sonha. Toda pessoa pode, é capaz e competente — desde que acredite em si mesma e trace um plano de ação.

Intuitiva e pragmaticamente, fui percebendo que eu me sentia mais forte toda vez que conseguia convencer alguém a acreditar no próprio potencial. Era como se, primeiro, o benefício fosse meu, e depois atingisse as pessoas ao meu redor. Na verdade, é assim mesmo: eu aprendo mais sobre o processo de transformação da realidade à minha volta e a energia do círculo virtuoso cresce. Por exemplo: sempre que faço um colega acreditar que pode melhorar de vida, acabo conquistando um parceiro de trabalho mais comprometido. A partir desse "laço afetivo", nós nos tornamos mais efetivos: um ajuda o outro a encontrar as melhores soluções para os problemas. E isso vale em todas as dimensões da vida. No escritório, nos estudos, no jogo de futebol do fim de semana, enfim, em tudo... E, então, no momento em que esse ciclo alcança massa crítica, ocorre uma reação em cadeia; os benefícios se multiplicam e se distribuem para todas as pessoas do grupo. É como uma espiral sem fim (veja as Figuras 2 e 3 mais adiante).

Foi exatamente esse fenômeno que pudemos observar na nossa empresa depois do funeral do modelo tradicional de administração. Superado por completo o primeiro momento de resistência e de dúvidas, as pessoas logo perceberam que eram mais valorizadas e respeitadas com a implementação da nossa Filosofia de Gestão. Cada colaborador passou a ACREDITAR no próprio potencial, teve a oportunidade de PRATICAR suas habilidades e competências e, para citar apenas um dos resultados alcançados, nossos indicadores de produtividade e eficiência começaram a MELHORAR— e muito. Quando a pessoa acredita que é capaz, assume o protagonismo da própria vida — em todas as dimensões, inclusive no dia a dia de estudo e no trabalho. Ela se torna mais engajada, perseverante e resiliente. Segue em frente com espontaneidade, sem ninguém precisar empurrar. A consequência natural é ser bem-sucedida, alcançando o equilíbrio entre lucro e felicidade.

Essas etapas do processo de melhoria contínua eu já havia observado em mim mesmo. Depois de atingir um novo nível de consciência em relação à minha capacidade de SER, meu impulso imediato foi começar a dividir com os outros o que eu havia aprendido. De início, eu simplesmente agia assim e pronto. Mas, com o tempo, fui entendendo que essa vontade de compartilhar é natural e espontânea, mas é também um exercício de coerência necessário para retroalimentar o círculo virtuoso: a gente divide o nosso melhor com os outros e aprende ainda mais com essa troca. Além disso, conquista o engajamento dos melhores parceiros na jornada da melhoria contínua — na vida e nos negócios. É assim que os efeitos positivos contagiam os outros e se multiplicam. É o compartilhamento que torna o círculo virtuoso duradouro e infinito (veja a Figura 3 logo à frente).

Mas, em tempos de mídias sociais, é melhor esclarecer do que estou falando quando me refiro a compartilhamento. Esse conceito anda meio banalizado. Hoje, todo mundo pode dizer que vai "compartilhar" uma ideia, um sentimento, uma música, uma fotografia, um vídeo... Não há nada de mal nisso, mas também pode não haver nada de útil ou construtivo. Boa parte do que é compartilhado nas mídias sociais não passa de banalidade, acontecimentos triviais do nosso dia a dia. Não é bem disso que estou falando aqui. Eu me refiro ao que considero o ápice da nova Filosofia de Gestão: depois de ACREDITAR, PRATICAR e MELHORAR, o verbo COMPARTILHAR é nosso quarto e último pilar. É o compartilhamento que fecha e retroalimenta o ciclo de humanização, sustentando-se em iniciativas estruturadas para PERMEAR essas ideias profundamente no coração e na mente das pessoas e conseguir INFLUENCIAR cada uma delas na direção da melhoria contínua — em tudo, a começar pela própria vida. Veja o ciclo completo de humanização na Figura 2 e a espiral infinita de benefícios na Figura 3:

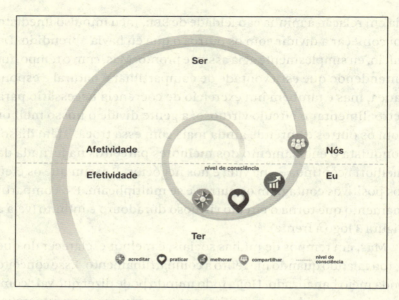

Figura 2 O ciclo de humanização da nova Filosofia de Gestão.

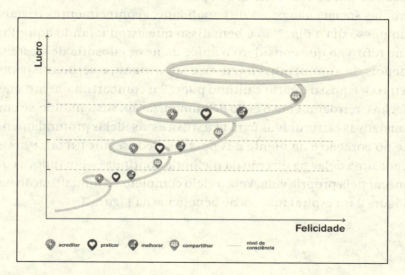

Figura 3 Espiral infinita de benefícios gerados pela nova Filosofia de Gestão, que aumenta progressivamente o nível de consciência, felicidade e lucro.

Compartilhar com interesse genuíno

O ponto de partida desse tipo de compartilhamento, que chamo de construtivo, é ser capaz de sentir — e praticar — o interesse genuíno pelos outros. A disposição mais profunda é inspirar outro alguém a ser feliz, ajudar a canalizar a energia para traçar um plano de ação e transformar sonhos em conquistas. Pela minha experiência, isso vale para as pessoas e para as empresas; é universal. Desde que Ruy Shiozawa me ensinou o conceito de Giftwork,* ouso dizer que a convergência de propósitos entre as pessoas e as organizações faz muita diferença nos resultados. Antigamente, quando falava sobre essas questões, eu me sentia como um pregador no deserto. Tirando aqueles poucos e bons amigos, como o Ruy, que sempre compartilhou dos mesmos valores, a sensação era meio de solidão. Parecia que eu estava remando contra a maré o tempo todo. Aquela headhunter que me "aconselhou" a parar de abraçar árvores** não foi uma exceção, não. Mas, ainda bem, fui resiliente e consegui educar minha consciência e o meu olhar. Hoje, quando olho ao redor, consigo identificar muitas pessoas que estão dispostas a compartilhar construtivamente para revolucionar vidas e, com certeza, também o mundo dos negócios.

Outro dia mesmo, vendo televisão, conheci a história do professor Antônio Amaral. Desde 2005, ele dá aulas de matemática na Escola de Ensino Médio Augustinho Brandão, em Cocal dos Alves, cidade que fica a trezentos quilômetros de Teresina, no Piauí, e tem um dos cinquenta piores IDHs*** do país. As circunstâncias, portanto,

---

* Ruy Shiozawa é CEO da Great Place to Work no Brasil. Para saber mais sobre sua abordagem Giftwork, leia o artigo: "Great Place to Work® aponta caminhos para encontrar significado no trabalho", publicado em 21 de julho de 2015 no site da GPTW. Disponível em: <greatplacetowork.com.br/blog-gptw/1058-great-place-to-workr-aponta-caminhos-para-encontrar-significado-no-trabalho>. Acesso em: 1º ago. 2015.
** Lembra? Falei sobre essa headhunter lá no capítulo 5.
*** IDH: o Índice de Desenvolvimento Humano foi elaborado pelo Programa das Nações Unidas para o Desenvolvimento (PNUD) e serve para medir anualmente o grau de desenvolvimento econômico e a qualidade de vida oferecida à população.

são bastante adversas. Mas, em vez de reclamar da falta de recursos, de se queixar do baixo salário ou de alegar que é impossível ser um bom professor nesse país, ele compartilha construtivamente o seu melhor com os alunos — entre eles, seu próprio filho.

O resultado tem sido o melhor possível. Na Olimpíada Brasileira de Matemática das Escolas Públicas de 2015, os estudantes da Augustinho Brandão conquistaram três medalhas de ouro, oito de prata e cinco de bronze. Além disso, essa é a escola que mais aprova jovens para estudar na Universidade Federal do Piauí. Como disse o professor na entrevista a que assisti: "Estamos preparando alunos não só para as competições, mas também para a vida. A escola é a simulação da vida real. É o lugar onde ele pode errar e a gente pode melhorá-lo no momento certo".*

Então, me diga: você não acha que o professor Antônio Amaral é um adepto praticante da nossa nova Filosofia de Gestão — provavelmente, sem nem saber que ela existe? Acima de tudo, ele ACREDITA na própria competência como professor de Matemática e ACREDITA que cada um de seus alunos tem todo o potencial necessário para melhorar de vida. Depois, ele parte para a ação e PRATICA diariamente em sala de aula tudo aquilo em que acredita. Esse professor é o líder que indica o caminho e mostra, com interesse genuíno, as saídas viáveis diante das circunstâncias adversas. E, além de ACREDITAR e PRATICAR, seu maior objetivo é inspirar cada um de seus alunos a MELHORAR a cada dia. Como ele mesmo diz: não só para vencer as competições, mas preparando-os para a vida.

E, por fim, além de ACREDITAR, PRATICAR e MELHORAR a cada dia, ao dar suas aulas, o professor faz seu exercício de coerência, oferecendo mais do que o seu saber matemático: ele COMPARTILHA

---

* Se você quiser conhecer melhor o professor Antônio Amaral, veja a reportagem "Estudantes da rede pública são premiados na Olimpíada da Matemática", de Carlos de Lannoy, exibida no *Bom Dia Brasil*, da Rede Globo, em 21 de julho de 2015. Disponível em: <http://g1.globo.com/bom-dia-brasil/edicoes/2015/07/21.html?fb_ref=Default#!v/4335868>. Acesso em: 21 jul. 2015.

com os alunos o anseio de que todos possam ser mais FELIZES! Não existe aspiração mais elevada do que essa. E quer ver como isso é mesmo contagiante? Na reportagem a que assisti no *Bom Dia Brasil*, da Globo, o repórter pergunta a uma aluna: "Que problema você gostaria de conseguir resolver?". Sem titubear, a adolescente responde: "A desigualdade". Essa resposta dela é reflexo de um nível de consciência protagonista e cidadã, cultivado nas aulas do professor Antônio Amaral, tenho certeza.

Não tive ainda a oportunidade de conhecer Antônio Amaral pessoalmente, mas minha caminhada até aqui já me possibilitou conviver com muitas pessoas incríveis. Tive, por exemplo, a honra de receber as contribuições valiosíssimas do professor Moisés Sznifer,[*] consultor em gestão de alto nível nos campos da estratégia e do comportamento organizacional. Logo que me tornei CEO, procurei por ele e pedi que compartilhasse comigo sua vasta experiência. O professor demonstrou um enorme e genuíno interesse por mim e se empenhou profundamente, indo muito além do básico em sua consultoria. Um dia, perguntei-lhe por que compartilhava tanto comigo, e ele respondeu: "Sigo meu coração, que me pediu que o ajudasse". Infelizmente, não tive tempo de retribuir toda a sua colaboração, pois ele logo veio a falecer — deixando em mim uma disposição ainda maior de COMPARTILHAR com todos tudo aquilo que aprendo.

Por meio dos livros, também tenho ficado admirado e satisfeito com a quantidade de autores dispostos a compartilhar conhecimento, especialmente "traduzindo" conceitos complexos em linguagem simples e direta, sem se esconder atrás de floreios e academicismos criptográficos. Minha dimensão lógico-racional se divertiu bastan-

---

[*] Até falecer, em julho de 2013, Moisés Fry Sznifer, além de consultor, foi professor do mestrado e do doutorado da FGV-SP e coordenou cursos focados na alta direção corporativa, entre os quais o Delphos, programa de autoconhecimento dirigido a CEOS. Para conhecer mais sobre suas ideias, veja sua entrevista para a Rádio CBN, no programa *Mundo Corporativo*. Disponível em: <youtube.com/watch?v=iUv2vorfuI0>. Acesso em: 1º ago. 2015.

te, por exemplo, lendo *O poder do pensamento matemático*.* Logo na introdução, o professor Jordan Ellenberg declara:

> Com as ferramentas da matemática à mão, você pode entender o mundo de maneira mais profunda, consistente e significativa. Tudo o de que você necessita é um treinador, ou mesmo um livro, que lhe ensine as regras e algumas táticas básicas. Eu serei seu treinador. E vou lhe mostrar como.

É ou não é mais um adepto do compartilhamento construtivo?

O valor está muito além do dinheiro

Tenho encontrado belos exemplos de compartilhamento também no mundo corporativo. Entre o empresariado brasileiro, uma das pessoas que mais admiro é a Luiza Helena Trajano. A partir de uma pequena loja de presentes na cidade de Franca, ela e sua família foram capazes de erguer uma das maiores redes de varejo do país, com mais de 740 lojas, nove centros de distribuição e três escritórios, presente em dezesseis estados brasileiros.** Mesmo estando hoje à frente desse império, continua humilde, acessível e está sempre disposta a ajudar. Gosta de se relacionar com as pessoas e aprender mais a cada dia.

Luiza está bem longe de ser aquele tipo tradicional de CEO que se isola e se afasta da operação do negócio. Não tenho dúvida de que ela ACREDITA nos seus sonhos, PRATICA seus valores diariamente e ainda considera que tem muito a MELHORAR. Para ela, "Vem ser feliz!" não é apenas o slogan de sua rede de lojas. As pessoas estão no centro da sua estratégia empresarial. Luiza COMPARTILHA tudo

---

* Referência ao livro *O poder do pensamento matemático*, de Jordan Ellenberg, professor de matemática da Universidade de Wisconsin e autor da coluna "Do the Math" na revista norte-americana *Slate*.

** Dados coletados do site da empresa. Disponível em: <sp1a.magazineluiza.com.br/quem-somos/perfil-da-empresa/>. Acesso em: 15 jul. 2015.

o que sabe com os colaboradores e, como consequência, beneficia também os clientes. Está sempre próxima, atenta e se interessa de forma genuína por todos. Nem é preciso dizer que, nos seus negócios, a felicidade e a lucratividade têm sido diretamente proporcionais. Sinto que temos valores e práticas em comum, tanto que a convidei para escrever o prefácio do meu livro.

Outros empresários que considero admiráveis no quesito compartilhamento construtivo são os da família Beira. Os três filhos do fundador estão à frente da Química Amparo, dona da marca Ypê, de produtos de limpeza, uma empresa capaz de vencer, mesmo enfrentando gigantes multinacionais. Eu os conheci em 2013, em um treinamento que fizemos juntos. Pouco depois, nos reencontramos, e pude testemunhar os valores que praticam. Foi logo no início do ano seguinte, quando a cidade de Itaoca — na região do Vale do Ribeira, em São Paulo — foi devastada por uma enchente: entre pouco mais de 3 mil habitantes, houve quase trinta mortos e cerca de trezentos desabrigados.* No dia seguinte ao temporal, a prefeitura decretou estado de calamidade pública. O município é atendido pela rede elétrica da nossa empresa, por isso fui pessoalmente ao local a fim de acompanhar o trabalho de emergência para restabelecer o fornecimento de energia.

Mais do que a volta da eletricidade, porém, aquelas pessoas precisavam de ajuda para retomar a vida: no mínimo, água, comida e limpeza das casas que não haviam sido destruídas pela força da enchente. De forma voluntária, nossos colaboradores mobilizaram uma rede de contatos para auxiliar na arrecadação de doações. Um dos nossos pedidos de ajuda foi direcionado à Ypê, e, no mesmo dia, testemunhei a chegada a Itaoca de uma carreta repleta de produtos de limpeza. Ninguém da família Beira quis ANTES auditar nossa iniciativa, não perguntou se aquela doação fazia sentido comercialmente e tampouco alardeou o gesto. Isso é compartilhamento

---

* Leia a reportagem "Bombeiros localizam corpo e Itaoca, SP, registra 24 mortos após enchente", publicada em 22 de janeiro de 2014, no portal G1. Disponível em: <g1.globo.com/sp/santos-regiao/noticia/2014/01/mais-uma-vitima-e-encontrada-e--enchente-de-itaoca-registra-24-mortos.html>. Acesso em: 14 jul. 2015.

construtivo: a gente sempre oferece o melhor sem nem perguntar para quem é. Fiquei tão impressionado com aquela atitude que quis conhecer mais de perto a empresa e seus líderes. Desconfiei de que encontraria ali pessoas muito conscientes de seu protagonismo. E eu estava certo. Há décadas, eles já acreditavam e praticavam um tipo de filosofia que eu ainda considerava "novidade".

Por fim, antes de seguir em frente e apresentar alguns exemplos de aplicabilidade da nova Filosofia de Gestão, a gente tem que entender que COMPARTILHAR não é fazer benemerência, caridade ou oferecer solidariedade apenas assistencialista. Em minha opinião, dar esmola está bem longe de ser o que chamo de compartilhamento construtivo. De verdade, você ajuda quem precisa, mostrando os caminhos viáveis. Protagonista da própria vida, a pessoa escolhe e constrói a sua rota de viagem.

O compartilhamento construtivo vai além do dinheiro apenas, porque agrega valor recíproco. Assim, uma promoção e/ou um aumento de salário podem ser um dos possíveis — até prováveis e desejáveis — efeitos positivos para o colaborador que se engaja com interesse genuíno na realização do seu trabalho diário. Mas o resultado financeiro não deve ser o único objetivo — nem da pessoa nem da empresa. TER pode até ser fácil; difícil é SER. Nesse aspecto, a melhor definição de COMPARTILHAR que eu ouvi até hoje foi dada pelo papa Francisco, em um dos discursos que fez em sua visita ao Brasil, em 2013. Independente de qual seja a nossa religião, vale a pena refletir sobre o que ele disse: "Lembremo-nos sempre: somente quando se é capaz de compartilhar é que se enriquece de verdade; tudo aquilo que se compartilha se multiplica!".*

Como já disse, não sou aquele tipo de líder que fica encastelado no escritório. Sempre que posso, viajo e vou a campo conhecer e conversar face a face com nossos colaboradores. E o que tenho visto é

---

* Assista na íntegra ao discurso do papa Francisco, proferido em 25 de julho de 2013, na comunidade de Varginha, no Rio de Janeiro, disponível em: <g1.globo.com/jornada-mundial-da-juventude/2013/noticia/2013/07/papa-fala-de-corrupcao-e-diz--jovens-para-nao-se-acostumarem-ao-mal.html>. Acesso em: 20 jul. 2015.

sempre tão positivo, que me dá ainda mais disposição de continuar acreditando e praticando os valores da nossa Filosofia de Gestão. Em Campos do Jordão, por exemplo, conheci Daniel. Ele é um exemplo flagrante do compartilhamento construtivo agregando valor recíproco. Entrou na empresa como eletricista, fez nossos treinamentos e se tornou técnico de alta-tensão. É bem jovem e, para se desenvolver ainda mais, já está cursando a faculdade de tecnologia em gestão de recursos humanos. Fico satisfeito, porque a empresa só ganha por contar agora com um colaborador motivado e mais capacitado. Por sua vez, Daniel também fica satisfeito, porque foi promovido e já recebe um salário melhor. Só que o benefício recíproco não se esgota aqui.

Vivenciando o processo de melhoria contínua, Daniel atingiu um novo nível de consciência: já faz algum tempo que ele não visa mais aos benefícios somente para si mesmo ou para a família dele. Ou seja, quer COMPARTILHAR... Nos nossos treinamentos, além da teoria e da prática, aprendeu também rigorosos protocolos de segurança. E ficou impressionado, em especial quando entendeu o tamanho do risco que as crianças correm ao empinar pipas perto das redes elétricas. Quebrou a cabeça até encontrar uma forma de compartilhar construtivamente o que tinha aprendido: construiu um sistema simples para "eletrocutar salsichas" e se ofereceu como voluntário na Secretaria Municipal de Educação.

Atualmente, quando Daniel não está trabalhando, ele é convidado pelas escolas públicas de Campos do Jordão para dar palestras sobre segurança nas redes elétricas. O ponto alto para as crianças é a "salsicha eletrocutada". Elas dão risada, mas aprendem a brincar bem longe dos fios elétricos. Não consigo evitar: só de me lembrar dessa história fico com um sorriso grande estampado no rosto e sinto o maior orgulho por Daniel ser um dos nossos colaboradores. Como ele, temos centenas de outras pessoas vitoriosas que, ao compartilhar o que sabem, tornam-se agentes de transformação social, ajudando a criar uma nova sociedade, que evolui, progride e é mais feliz.

Olha, é claro que não convivo apenas com gente com essa disposição tão positiva. De vez em quando, me relaciono com alguém que faz a escolha de não oferecer o melhor — nem para si mesmo.

E logo identifico que a pessoa não está acreditando em uma palavra do que digo. A descrença está escrita nos olhos dela; fica dependurada no sorriso no canto da boca. Para mim, é fácil identificar esse sorriso bem típico, aquele que tenta não mostrar o que a pessoa está sentindo de verdade. Em gente assim, parece que um aspecto negativo puxa outro. Quando enfrenta um problema, cada atitude parece provocar só mais complicações.

Por mais que nós treinemos a consciência e o olhar para identificar os exemplos positivos, não dá para fingir que não existe gente assim, não é? Quando nos vemos diante de uma situação complexa como essa, às vezes a pergunta que fica no ar é a seguinte: "Como ajudar? Como acolher, mas ajudar com efetividade?". Para tentar responder, é bom voltar àquela diferença entre os comportamentos do "chefe" e do "líder". O líder é quem ajuda a traçar um plano de ação para a pessoa enfrentar a situação e encontrar a melhor solução viável. Já o chefe, embora possa estar bem-intencionado, acaba aumentando ainda mais o problema com paternalismos ou gestos assistencialistas — ou, pior ainda, esbravejando.

Em especial durante tempos de crise, infelizmente, as pessoas ficam mais sujeitas a enfrentar problemas básicos, como endividamentos, questões judiciais ou abalos psicológicos, entre outras questões até mais delicadas. Então, por esse motivo, criamos na nossa empresa o Mais Apoio.* Quando o colaborador sente necessidade, pode buscar ajuda para resolver um problema mais sério que esteja enfrentando — não precisa nem falar com o gestor. Nesse programa, a pessoa recebe orientação multidisciplinar para reencontrar o próprio rumo na vida. O Mais Apoio foi criado em 2014, então ainda é um pouco cedo para avaliar. Mas pelos resultados que já estamos colhendo, considero que estamos na direção certa. Num primeiro momento, a pessoa precisa parar de se queixar, reclamar da vida e criticar os outros; só depois é que ela toma a iniciativa de procurar ajuda. Precisa também ACREDITAR que existe uma forma de MELHO-

---

* Já apresentei o Mais Apoio no capítulo 7.

RAR a situação, usar sua autonomia e assumir seu protagonismo para colocar em PRÁTICA um plano de ação. Quem procura o Mais Apoio encontra a melhor saída viável para uma situação difícil — e para melhorá-la, aprendendo a caminhar com as próprias pernas.

Estruturado, sistemático e mais eficiente

Depois de alguns anos de observação e avaliação de resultados, ficou claro que, especialmente nas organizações, o compartilhamento construtivo não é uma atitude, um gesto, um comportamento isolado de uma pessoa ou de um grupo. É um processo integrador e multidirecional, cujo objetivo principal é PERMEAR com profundidade essas ideias na nossa cultura organizacional e INFLUENCIAR as pessoas a praticá-las no dia a dia. Exatamente por isso, o verbo COMPARTILHAR tornou-se o quarto pilar da nova Filosofia de Gestão. Então, praticando nosso exercício de coerência, estruturamos iniciativas e programas para sistematizar o processo, incorporando-o à nossa rotina diária. E assim chegamos à gestão compartilhada, isto é, a gestão do NÓS posta em prática.

O compartilhamento construtivo já começa no nosso processo de recrutamento e seleção. Nessa área, adotamos três iniciativas que atuam integradas. Em primeiro lugar, como já disse no capítulo 5, o recrutamento interno é prioritário por dois bons motivos: oferece oportunidades de promoção ao colaborador que se dedica e se desenvolve como profissional e reforça a atuação de quem já é aderente aos valores e práticas da cultura da empresa. Em segundo, incentivamos a indicação de familiares para nossos processos de seleção. Se não temos quem promover dentro da própria empresa, então é melhor contratar alguém da família que já conhece e valoriza a nossa Filosofia de Gestão (a única restrição é que a pessoa não vá responder diretamente a um parente ou vice-versa). E, em terceiro lugar, quando vamos buscar profissionais no mercado, uma das etapas da seleção é uma conversa com outros colaboradores. São pessoas diferentes, que não integram a área de RH, e cada uma vai dar a sua percepção sobre o perfil daquele profissional entrevistado. O objetivo é identificar se o futuro contratado vai ter facilidade ou não para se engajar na nossa equipe e na cultura da empresa. A pessoa protagonista tem mais facilidade para identificar quem já está no mesmo grau de consciência ou, pelo menos, já deixou o potencial transparecer. Assim, gradativamente, vamos formando um time cada vez mais coeso, coerente e consistente na prática dos nossos valores.

Como existem ainda diversas iniciativas envolvendo as esposas ou maridos, bem como os filhos dos colaboradores, contamos com um elevado grau de adesão também dos familiares. Uma vez por ano, acontece uma série de eventos simultâneos em cidades-chave, reunindo todo mundo: o colaborador, o cônjuge, os filhos. Cada líder, inclusive eu, faz uma apresentação estratégica sobre o que a empresa está realizando, a evolução dos resultados, os nossos valores e as novas práticas. Da última vez que realizamos esses eventos, contamos com a presença de mais de 12 mil pessoas — o que significa que, em média, cada um dos nossos colaboradores levou três familiares. Esses encontros são uma ótima maneira de conhecer melhor as pessoas e também de engajá-las na nossa Filosofia de Gestão.

Além disso, uma vez por ano, há um grande evento em que os parentes é que vão à empresa para conhecer o ambiente onde trabalha o seu familiar. Claro, como sempre, também aproveitamos para conhecer melhor as pessoas e identificar quem é que já poderia trabalhar conosco. Existe ainda, no programa de prevenção de acidentes, um módulo dedicado às esposas de nossos eletricistas. Elas recebem capacitação em segurança em rede elétrica porque, definitivamente, são importantíssimas para convencer os maridos* a cumprir os protocolos e usar os equipamentos de prevenção de acidentes. Desde que passamos a envolvê-las nessa missão, nossos indicadores de segurança vêm evoluindo muito e bem depressa. E, por

---

* Falo em maridos porque a maioria dos nossos técnicos e eletricistas de campo ainda é formada por homens, mas queria deixar registrado aqui que não temos nenhuma restrição de gênero. Já contamos com mulheres trabalhando nas nossas redes elétricas e estou certo de que teremos muitas mais.

fim, as crianças não podem ser esquecidas. Usamos recursos lúdicos para disseminar entre elas as ideias do nossa Filosofia de Gestão. Um deles foi um brinde bem simples: um joguinho de tabuleiro em que a criança avança casas se responder corretamente às perguntas sobre ACREDITAR, PRATICAR, MELHORAR e COMPARTILHAR. É assim que estamos permeando nossos valores e influenciando nossos colaboradores e suas famílias — no presente e no futuro. Daqui a uns quinze anos, vou adorar saber que os filhos dos nossos colaboradores querem vir trabalhar na empresa porque ACREDITAM na nossa Filosofia de Gestão. Serão nossos futuros vencedores, sobretudo porque aprenderam a ACREDITAR em si mesmos.

Outro dos meus sonhos sempre foi viabilizar o desenvolvimento de todos os nossos colaboradores. No mundo ideal, a meta seria esta: gostaria de oferecer um *coach* para cada um. Muito pragmaticamente, no entanto, sei que nenhuma empresa jamais contará com recursos — disponíveis e suficientes — para fazer um investimento desse porte. Só que, como você já sabe, nunca aceito um não como resposta. Deixei, então, minha dimensão lógico-racional trabalhar, partindo da seguinte pergunta: "Como posso viabilizar esse projeto com menos recursos e de maneira mais eficiente?". E levei a mesma questão para nossos líderes. Aos poucos, fomos chegando juntos a algumas conclusões. A primeira de todas: nós não iríamos investir na compra de "pacotes de prateleira" para o treinamento e o desenvolvimento dos nossos colaboradores. Afinal, já temos "dentro de casa" todo o conhecimento necessário para ser COMPARTILHADO construtivamente!

Foram estruturados, então, vários programas para sistematizar e capilarizar a transmissão de conhecimentos técnicos ou gerenciais e também a prática dos valores da nossa Filosofia de Gestão. O primeiro deles foi o Projeto Educadores. De forma voluntária, o colaborador se candidata a ser um dos nossos professores, compartilhando com os outros tudo o que já aprendeu. E, mais recentemente, foi criado também o programa Eu Líder: a mecânica é semelhante à do outro, mas aqui o foco é o desenvolvimento das competências de liderança. A experiência nos mostrou que o aprendizado nunca é apenas unilateral, ou seja, de quem já sabe para quem não sabe ainda... Por isso, sistematizamos também as iniciativas de escuta ativa. Além do Diálogo Estratégico, do Papo Expresso,* do Mais Apoio e de outras ações que já mencionei, usamos a tecnologia da informação para modernizar nossa "caixinha de sugestões".**

Temos, então, o Fale Francamente, uma conversa por e-mail que funciona 24 horas nos 365 dias do ano. Qualquer pessoa pode compartilhar uma ideia, tirar uma dúvida, fazer uma pergunta, e um dos nossos diretores, e eu me incluo entre eles, vai dar uma resposta objetiva, simples e com conteúdo (sem blá-blá-blá). E existe ainda a Conecta, nossa rede social — agora com versão *mobile* — que coloca todo mundo em conexão com todo mundo, dentro e fora do ambiente de trabalho. Estamos todos abertos ao diálogo, ao compartilhamento construtivo e ao aprendizado conjunto. Nossa rede social não tem mediação prévia e nenhum tipo de censura. Então, não estamos abertos a ouvir só elogios... De vez em quando, alguém posta uma crítica mais contundente. Não somos perfeitos, e nossa organização, feita por todos nós, também não poderia ser. Em função disso, averiguamos o fato e damos sempre uma resposta. Se a crítica for consistente, viabilizamos uma solução para o problema. Se não for, explicamos por que não é. Para quem acredita e pratica a nossa Filosofia de Gestão, toda crítica é apenas mais uma contribuição na "caixinha de sugestões". Ou seja, uma oportunidade para aprender e melhorar. Ao final de cada etapa da jornada, compartilhamos os resultados e as novas conquistas e, além disso, direcionamos os créditos a quem foi protagonista.

Sendo multidirecional e integrador, nosso processo de compartilhamento construtivo não poderia simplesmente ignorar o mundo fora da nossa organização. Desde o início da implementação da nossa Filosofia de Gestão, temos um programa sistemático para apresentar nossos projetos e os resultados alcançados. É o BPIS, que tem

---

* As mecânicas do Diálogo Estratégico e do Papo Expresso estão descritas no capítulo 6.
** Lá no capítulo 4, já contei o quanto aprendi e até inovei graças a uma simples caixinha de sugestões. O valor da escuta ativa é um aprendizado constante.

o objetivo de compartilhar com outras empresas os nossos valores e práticas e também aprender o que os outros estão fazendo de melhor. Nesse período, já passaram por nossas reuniões de benchmarking mais de setecentas pessoas de mais de duzentas empresas de variados portes e setores de atuação. Temos trocado experiências e agregado valor recíproco tanto com multinacionais de faturamento bilionário quanto com empresas públicas ou negócios de porte bem pequeno. Na hora de compartilhar, não temos nenhuma restrição. Apenas oferecemos o nosso melhor e temos recebido o melhor de cada um. Tenho a maior satisfação em poder garantir a você que, cada vez que ensinamos um pouco mais sobre nossa Filosofia de Gestão, aprendemos muito — independente do tamanho da companhia.

Por isso mesmo, para encerrar, vou contar sobre o compartilhamento que fizemos com o Nippon, um restaurante de culinária japonesa que fica na cidade de Americana. O dono estava enfrentando um dilema: como fazer o negócio crescer sem comprometer a qualidade dos alimentos, do nível dos serviços e da vida das pessoas? Quantas vezes você já viu um excelente restaurante perder qualidade quando expande a operação? É bem comum. Sérgio, nosso executivo responsável pela área de gestão da qualidade, e que também coordena o programa BPIS, esteve no restaurante com um grupo dos nossos executivos, e eles proativamente resolveram dar uma contribuição. O dono participou de um dos nossos fóruns de compartilhamento e decidiu implementar nossa Filosofia de Gestão, criando uma versão adaptada à realidade do seu restaurante. Segundo ele, o resultado foi uma revolução: o Nippon estava conseguindo ganhar eficiência, lucrar mais e manter os colaboradores felizes. Além disso, os clientes estavam ainda mais satisfeitos.

Ao saber disso através do Sérgio, naquele mesmo fim de semana fui a Americana para me deliciar com os pratos do Nippon. E conferi a revolução... Queria conhecer pessoalmente o dono do restaurante, mas a atitude de todos — dos *sushimen* aos garçons — era tão positiva e simpática que não consegui identificá-lo. Em outras palavras, o que estou dizendo é que todos os colaboradores agiam e trabalhavam como se fossem os donos do restaurante. Perguntei, então, diretamente pelo proprietário, e veio até mim o sr. Paulo, que aderiu de corpo e alma à Filosofia de Gestão. Melhor ainda: tinha conseguido que os colaboradores começassem a ACREDITAR no círculo virtuoso da melhoria contínua. Resultado: de forma nítida, todos já colhiam os benefícios recíprocos. A espiral infinita já estava em ação. Naquele dia, dei meus parabéns ao sr. Paulo, pois, além de uma refeição deliciosa, eu e minha família nos sentimos muito bem no Nippon.

Quando voltei ao trabalho na segunda-feira seguinte, tive a oportunidade de compartilhar com o time o meu mais novo aprendizado: com as adaptações que o dono do Nippon tinha feito à realidade específica do seu negócio, entendi que, além de não ser um modelo padronizado, nossa Filosofia de Gestão pode MELHORAR ainda mais, tornando-se sempre mais simples. Nós não criamos uma receita, uma fórmula ou uma rota fixa para a felicidade e a lucratividade. Uma das maiores vantagens é que a Filosofia de Gestão é orgânica, interativa e aberta à sua criatividade e inovação, além de ser repleta de possibilidades de adaptação ao que você sonha, planeja e realiza. Por isso, no próximo capítulo, com a contribuição de muitas pessoas da minha equipe, vou apresentar as dicas finais para você implantar a Filosofia de Gestão "à sua maneira". Vamos lá: ACREDITE, PRATIQUE, MELHORE e depois COMPARTILHE* conosco como a FELICIDADE DÁ LUCRO para você!

Direto ao ponto

- Ninguém está condenado a ser o que não quer. Todo mundo tem direito a uma oportunidade de SER... melhor!

- Não há circunstância tão ruim que não tenha pelo menos uma solução viável para tornar tudo um pouco melhor. O primeiro passo pode ser sair da inércia — sozinho ou buscando ajuda!

---

* Para compartilhar sua experiência com a prática da nova Filosofia de Gestão, acesse o link na página <felicidadedalucro.com.br>.

- Toda pessoa pode, é capaz e competente — desde que acredite em si mesma, trace um plano de ação e tenha disciplina para realizá-lo.

- Quando o círculo virtuoso alcança massa crítica, ocorre uma reação em cadeia: os benefícios se multiplicam e se distribuem para todas as pessoas do grupo. É como uma espiral sem fim.

- Depois de ACREDITAR, PRATICAR e MELHORAR, o nível de consciência se eleva e a pessoa sente o impulso espontâneo de COMPARTILHAR o seu melhor com os outros. Esse é o quarto pilar da nossa Filosofia de Gestão.

- O compartilhamento construtivo nasce com o interesse genuíno e acaba retroalimentando o círculo virtuoso da humanização. COMPARTILHAR é o ápice da Filosofia de Gestão.

- Devemos educar a consciência e o olhar para identificar com rapidez as pessoas mais dispostas a compartilhar construtivamente. E, além disso, descobrir como contribuir para que os outros também entrem em ação.

- No dia a dia, nas escolas, nas empresas e até nos livros, cada vez mais encontro pessoas compartilhando aspirações mais elevadas.

- O compartilhamento construtivo vai muito além do dinheiro, porque agrega valor recíproco. TER pode até ser fácil; difícil é SER.

- Um salário maior pode TER um efeito positivo, provável e desejável do seu engajamento no trabalho diário, mas é passageiro. O dinheiro não é o único objetivo — nem da pessoa nem da empresa. No centro do processo de geração dos lucros estão as pessoas, e são elas que tornam tudo sustentável.

- A Filosofia de Gestão é aplicável à realidade de cada um de nós. Pode ser, por exemplo, um professor que ACREDITA na própria competência e no potencial dos alunos, PRATICA isso dando aulas estimulantes, inspira cada um a MELHORAR de vida e COMPARTILHA seu melhor para que os outros também possam ser mais FELIZES!

- Não basta ser bem-intencionado para ajudar uma pessoa a enfrentar um problema complexo. Às vezes, uma atitude assistencial e paternal só agrava a situação.

- O chefe paternal quer ajudar, mas acaba aumentando o problema; o líder indica o caminho para a pessoa encontrar a melhor solução viável, andando com as próprias pernas.

- Na hora de ajudar alguém, o líder pode ser afetivo e acolhedor, mas acima de tudo precisa pensar na efetividade das suas atitudes.

- O compartilhamento construtivo não é uma atitude, um gesto, um comportamento isolado. É um processo integrador e multidirecional, que se fundamenta em ações e programas estruturados e sistemáticos.

- A gestão compartilhada é o "NÓS" posto em prática no dia a dia da empresa e incorporado à cultura organizacional. Também funciona bem para a sociedade.

- Praticando a escuta ativa, quem mais aprende é quem mais ouve. Mesmo a crítica deve ser encarada como uma contribuição a mais. É uma oportunidade para melhorar.

- Nas nossas sessões de benchmarking, nós oferecemos o melhor e só queremos que os outros compartilhem conosco o que sabem fazer de melhor em favor do todo. Assim, agregamos valor reciprocamente.

- A Filosofia de Gestão não é uma receita, uma fórmula ou uma rota fixa para a felicidade e a lucratividade. É apenas um estímulo para você fazer suas adaptações e criar seu jeito de ser feliz, de forma sustentável.

- A Filosofia de Gestão é orgânica, interativa e aberta à sua criatividade, inovação e repleta de possibilidades de adaptação ao que você sonha, planeja e realiza: ACREDITE, PRATIQUE, MELHORE e depois COMPARTILHE o seu jeito de ser mais FELIZ! Como a FELICIDADE DÁ LUCRO para você?

CAPÍTULO 9

A espiral infinita

Quando falo em público sobre a nova Filosofia de Gestão, procuro interargir um pouco com as pessoas. Gosto de me aproximar, conversar, trocar ideias e, principalmente, fico entusiasmado quando percebo que fui capaz de inspirar mais gente a ter aspirações mais elevadas ou um propósito de vida mais amplo. Nessa hora, tenho aquela sensação positiva de missão cumprida: eu tive um sonho, fiz um plano de ação, executei o projeto e estou atingindo as metas. Isso dá sentido à minha vida e me tira da cama de manhã com disposição para viver mais um dia com intensidade. É o que alimenta meu espírito e me faz FELIZ!

Já a minha dimensão lógico-racional gosta de ouvir os comentários, as críticas e as dúvidas das pessoas. Assim, além de novos subsídios para aprimorar a Filosofia de Gestão, consigo até mesmo melhorar a forma e o conteúdo das minhas interações com as pessoas. Nessas conversas, por exemplo, quase sempre aparece alguém que me pede: "Como faço para implantar essa filosofia na empresa em que trabalho?", ou então "Por onde começo a colocar em prática essa Filosofia de Gestão?".

Na verdade, o que essas pessoas estão querendo é uma espécie de guia que garanta a correta implementação das melhores práticas focadas na melhoria contínua, no ganho de eficiência e no aumento da produtividade e da lucratividade. É impressionante como sentimos necessidade de ter um passo a passo para seguir, um roteiro predefinido. Nós nos agarramos à ideia de que deve existir um modelo imutável a ser replicado com sucesso. Por essa razão é que, às vezes, ficamos suscetíveis e até nos sujeitamos aos modismos propostos pelos gurus de plantão. Queremos tanto um modelo para seguir que, de vez em quando, nem avaliamos direito se a nova solução anunciada pelo guru faz sentido realmente ou se aplica à nossa realidade. E isso, sim, em minha opinião, pode ser a receita certa de um equívoco.

Esse nosso apego às fórmulas aparece em todas as dimensões da nossa vida, não só no trabalho ou na gestão dos negócios. Você já reparou, por exemplo, quando um repórter entrevista uma pessoa muito idosa e muito saudável? A pessoa está lá com seus mais de noventa anos, lúcida e sorridente, e a primeira pergunta é: "O que a gente precisa fazer para viver tanto e com tanta saúde? Qual é o segredo da sua longevidade?". Tenho certeza de que você já viu uma situação parecida alguma vez na televisão. E nós aguardamos a resposta na expectativa de receber uma fórmula, um guia, um modelo a seguir... que, simplesmente, não existe.

É isso. A Filosofia de Gestão é como a vida, não dá para fazer um manual que contenha etapa por etapa. O máximo que conseguimos determinar ao longo do processo de implementação dos nossos valores e práticas foi a existência dos quatro pilares: ACREDITAR, PRATICAR, MELHORAR e COMPARTILHAR. Pense neles como o alicerce de um edifício que você vai construir, usando as próprias mãos — com toda a sua inteligência e também com toda a sensibilidade. Você vai desenhar a planta conforme as especificidades do terreno, definir as dimensões de acordo com as necessidades, escolher os materiais dentro das possibilidades do orçamento, erguer as paredes respeitando o próprio cronograma... e um dia vai entender que esse projeto não tem fim, está sempre em andamento, sempre sendo melhorado, adaptado e renovado. Esse é o movimento, a mudança constante focada na melhoria contínua — seja na nossa vida ou na empresa.

É exatamente nesse ponto que você vai perceber a enorme diferença que existe entre "seguir um modelo" e PRATICAR a Filosofia de Gestão. Ao longo da interminável construção do seu próprio edifício, em vez de ficar cansado, abatido e frustrado como Sísifo,* você vai se sentir mais realizado e vitorioso. Vai ser mais FELIZ, porque estará agindo em sintonia com o que ACREDITA. Tem um sentido, um propósito mais amplo, uma causa pela qual se dedicar no dia a dia. E, então, quando começar a colher os resultados positivos individualmente, vai perceber que, com um pouco mais de dedicação e foco, será capaz de MELHORAR a eficiência do processo de construção como um todo. Será ainda mais FELIZ e, por consequência, terá mais lucro, se conseguir COMPARTILHAR o que aprendeu, estimulando mais pessoas a também ACREDITAR. É assim que se forma a espiral infinita dos benefícios recíprocos.

Pela leitura do livro, você já sabe que não estou lhe dizendo que a jornada será fácil e que não haverá problemas ou circunstâncias desafiadoras. O que estou afirmando é que, com simplicidade e humildade, você será capaz de encontrar suas próprias respostas e soluções. E, nesse momento, vai entender que não precisa de um manual, nem de modelo, nem de fórmula. Basta seguir em frente ACREDITANDO e PRATICANDO seus valores. Coerência, persistência e resiliência também serão parceiras essenciais durante a sua obra interminável. São elas que não deixarão nenhuma parede do seu edifício ficar fora do prumo. Foi exatamente assim que o processo aconteceu comigo, sempre do EFETIVO até o AFETIVO.

Mas, enquanto fazia essas reflexões, ocorreu-me o seguinte: a nova Filosofia de Gestão é a "gestão do NÓS", posta em prática desde 2011, não é? Então, o que nossos líderes e colaboradores acham dela? Que recomendações e dicas poderiam também COMPARTILHAR com você, leitor? Tenho perfeita consciência de que só conseguimos implementar a Filosofia de Gestão com a colaboração direta de cada uma das quase 4 mil pessoas que, comigo, se dedicam

---

* Na mitologia grega, Sísifo foi condenado à repetição eterna da mesma tarefa: ele empurrava uma pedra enorme até o alto de uma montanha, e, quando estava chegando ao topo, a pedra deslizava de volta ao ponto inicial. Por isso, costuma ser usado como metáfora para o sentimento de frustração dos esforços despendidos em vão.

diariamente à "construção do nosso próprio edifício". Assim sendo, nada mais justo do que também dar voz a elas neste livro. Quais são os pontos que essas pessoas apontam como os mais importantes? Vivenciando a Filosofia de Gestão no cotidiano de suas vidas, o que destacariam e gostariam de COMPARTILHAR com você?

Com essa nova ideia em mente, pedi a alguns dos nossos líderes e colaboradores que me enviassem depoimentos por escrito. Foi a maneira que encontrei para ampliar ainda mais o escopo do COMPARTILHAMENTO da nossa Filosofia de Gestão. Em vez de ter acesso apenas à minha perspectiva, agora você poderá "ouvir" também o ponto de vista de alguns de nossos colaboradores. Portanto, a seguir, vou reproduzir para você alguns desses testemunhos sobre o processo de implementação e a prática diária da nossa Filosofia de Gestão.

Só para tentar organizar uma linha de raciocínio, procurei separar os depoimentos de nossos colaboradores por temas. Na verdade, separei pelos verbos que sintetizam os conceitos mais relevantes da nossa filosofia e que foram enfatizados por eles mesmos mais frequentemente. Ao ler esses testemunhos, estou certo de que você vai encontrar algumas respostas-chave, como para aquela pergunta tão típica que me fazem com tanta frequência: "Por onde eu começo?". Um dos nossos colaboradores disse o seguinte: *"Não espere ter o planejamento perfeito para começar a mudar. Comece imediatamente e corrija os rumos ao longo da implantação da Filosofia de Gestão"*. Eu mesmo não teria respondido melhor. Ou seja, não existe mudança a prazo. Comece JÁ, e os primeiros passos são...

Acreditar:

"Mostre que os sonhos podem se tornar realidade, estimulando as pessoas a realizar aquilo que à primeira vista podemos imaginar como impossível."

"Fazer alguém enxergar além dos limites é um dom. Isso transforma a vida de muitas pessoas e, por consequência, a empresa e a sociedade."

"Muitos projetos emperram, não por falta de recursos financeiros, humanos ou tecnológicos, mas porque as pessoas envolvidas simplesmente não acreditam que é possível. Aí ficam imóveis e permanecem na inércia."

"As pessoas se guiam por propósitos, não propriamente por tarefas. Não coloque a tarefa, o objetivo ou o reconhecimento em primeiro lugar. Em vez disso, eleja algo para o bem comum, alicerçado na ética e na integridade. Crie uma causa em que todos acreditem."

"Procure conhecer e entender os sonhos das pessoas, encontrando um ponto de convergência entre eles e o propósito da empresa."

"Diante de um propósito convergente, a pessoa se sente valorizada e acredita que pode influenciar nos resultados, tornando-se uma nova propulsora do sucesso comum."

"Além do propósito, estabeleça também a forma de atingi-lo, priorizando o equilíbrio, a justiça e a sustentabilidade."

Respeitar, valorizar e cuidar:

"Respeitar é olhar no olho, falar com o coração, 'estar presente' e tratar as pessoas sem distinção. Primeiro, respeite a si mesmo e seus próprios valores. Depois, estenda esse respeito ao próximo, aos seus valores e crenças."

"Os limites não são iguais para todas as pessoas. É preciso entender as diferenças e as individualidades, utilizando o respeito como base para construir uma relação de confiança que extraia o máximo valor de cada um."

"Confiar requer um nível enorme de maturidade e autocontrole, pois significa respeitar o jeito de cada um e, muitas vezes, abdicar do seu próprio estilo."

"É preciso valorizar a pessoa, acreditar na capacidade dela para entregar

os resultados esperados, respeitando a forma que cada uma escolhe para atingir o propósito definido."

"Tenha sempre em mente que as pessoas são essenciais para o sucesso do seu negócio. A melhoria dos resultados depende mais das pessoas do que dos investimentos realizados."

"Assuma o compromisso de tornar o seu negócio mais humanizado na forma de trabalhar, nas relações pessoais e no convívio diário. Procure atuar mais próximo ao seu time e se coloque à disposição para ouvir as pessoas a qualquer momento."

"Valorize as pessoas — por exemplo, priorizando o recrutamento interno para as promoções nos processos seletivos."

"Nos processos de sucessão, seja imparcial, permitindo que qualquer colaborador se inscreva para a vaga das áreas que tem interesse. Apenas estabeleça critérios claros e comuns."

"O bem-estar das pessoas é um valor inegociável. Ela só consegue dar o máximo se estiver em equilíbrio. Há uma relação de recorrência: os indivíduos mais felizes no trabalho são aqueles mais felizes em família — e vice-versa."

"A jornada de trabalho deve ser equilibrada; acabe com as horas extras, que podem ser apenas sinônimo de incompetência, falta de planejamento ou hábito. Qualidade de vida é para ser levada a sério: é mais eficiência para a empresa e vida plena para todos."

"As práticas como horário flexível e banco de horas são uma boa opção. Além disso, adote ações para proporcionar uma boa qualidade de vida a todos, incluindo temas como saúde, família, lazer, equilíbrio financeiro, voluntariado e carreira."

"Valorize e respeite a qualidade de vida e a proximidade com os familiares."

"É possível sonhar mais alto e querer que o local de trabalho seja uma grande família. Envolva os familiares do seu time nas celebrações. Procure encantar também as pessoas que contribuem para que a esposa, o marido, os pais ou os filhos cheguem diariamente motivados para trabalhar."

Praticar:

"Faça o que fala, avalie cada pessoa com critérios claros e sustente as decisões sem apelar para subterfúgios do lugar-comum."

"Ter humildade para reconhecer os próprios erros, praticando a mesma tolerância com erros de outros."

"A coerência entre o que se fala e o que se faz sustenta a relação e estabelece a confiança. Dar oportunidades iguais para todos com critérios claros de escolha é um exemplo de coerência."

"Ser coerente na prática diária é desafiar a vantagem proporcionada por uma situação momentânea. O momento pode trazer benefícios imediatos, mas a defesa dos valores oferece resultados mais consistentes a longo prazo."

"A coerência entre o discurso e a prática é a base da construção de relações de confiança."

"A prática dos valores conquista a confiança da equipe e dá credibilidade ao líder. É hora, então, de promover a autonomia, a responsabilidade e a autoconfiança para que cada um se sinta 'dono do negócio', despertando um profundo sentimento de 'pertencimento'."

"Crie os critérios necessários para garantir a imparcialidade, seja coerente."

Comunicar e liderar:

"O verdadeiro líder age como facilitador para que o time possa atuar de forma confortável no dia a dia e, consequentemente, consiga se desenvolver e desempenhar ao máximo o seu potencial."

"O líder dá autonomia à equipe, instituindo de maneira oficial a gestão compartilhada. Pratique a gestão matricial, incentivando o protagonismo em projetos de áreas fora de sua atuação."

"O líder se comunica com frequência e agilidade, é imparcial, coerente e tem conteúdo de qualidade."

"Para aumentar a eficiência da comunicação, seja breve e frequente, tendo, por exemplo, uma boa conversa direta e franca com as pessoas."

"Converse abertamente sobre as estratégias com todos os colaboradores. Pratique a política de 'portas abertas' e faça sessões em grupo e individuais de feedback específico."

"O líder deve estimular a diversidade de ideias. É importante estimular a autenticidade das pessoas e incentivar o diálogo entre visões divergentes."

"Liderar é estimular a outra pessoa, indicar o caminho e acompanhar de longe para ter certeza de que o rumo escolhido foi mesmo o melhor. Se não for, o líder deve corrigir e voltar a respeitar a autonomia da pessoa."

"O líder cria 'estresse positivo' nos seus colaboradores. É aquela 'crise', aquele impulso que desafia a pessoa no seu íntimo, no seu ego e a faz ir além do que ela mesma poderia imaginar. O líder mostra como ir além dos próprios sonhos, mesmo que, às vezes, seja necessário criar um QUASE."

"Liderar é estimular o protagonismo, criando um ambiente que favoreça a geração de novas ideias, a colaboração mútua, a participação de todos na

tomada de decisões e até mesmo favorecendo o envolvimento em ações que vão trazer importantes melhorias para a sociedade como um todo."

Desenvolver e reconhecer:

"Incentive o time a sair de seu mundo tradicional no dia a dia, ir além, buscar conhecer todas as nuances que envolvem o negócio."

"Fique atento às habilidades de cada um e estimule a troca de funções, promovendo verdadeiramente a oxigenação entre as áreas. O melhor exemplo disso é a alternância entre líderes de áreas."

"Ajude o time a se posicionar e faça com que eles sejam parte da decisão."

"Crie um programa para desenvolver os colaboradores para posições de liderança de modo a encurtar a distância entre líderes e liderados."

"Envolva a equipe no processo de seleção do líder."

*"Apoie o colaborador na elaboração de um plano de desenvolvimento individual."**

"Promova a sustentabilidade do time de líderes, oferecendo treinamentos personalizados com foco na área atual e nas próximas etapas de carreira."

"Promova o processo proativo de sucessão considerando os sonhos previamente declarados pelos colaboradores."

"Não restrinja as promoções à hierarquia vertical tradicional. Abra possibilidades para a promoção diagonal, entre áreas e em processos distintos."

---

* Plano de Desenvolvimento Individual (PDI): nos capítulos 1 e 3, explico como fazer um PDI para você mesmo, e, no capítulo 5, mostro como isso se tornou uma das práticas da nossa Filosofia de Gestão.

"Estimule a educação continuada."

"Existem aqueles que carregam o piano. Existem aqueles que ajudam a aliviar o peso. Existem aqueles que tocam o piano. E há quem saiba compor melodias. Precisamos de todos. Deixe o seu time livre para escolher!"

"Comemore muito; cada pequena conquista deve ser comemorada."

"Reconheça publicamente e garanta que aqueles que fazem o melhor sejam reconhecidos por todos. O exemplo constrói uma corrente muito positiva e faz com que outras pessoas também saiam da inércia."

"Promova aqueles que estão se dedicando intensamente e garanta que uma grande parte das oportunidades seja preenchida por pessoas de dentro da empresa, estimulando o engajamento."

"Talvez a maior conquista dessa Filosofia de Gestão seja o que classifico de autorreconhecimento. O colaborador se sente 'dono do negócio', empoderado, constantemente desafiado, vitorioso e, principalmente, feliz."

Melhorar:

"Nem sempre as melhores ideias vêm dos líderes. Elas podem vir de qualquer um que esteja engajado e comprometido com os objetivos. Portanto, o líder deve sempre ouvir as pessoas."

"A responsabilidade pela mudança não é só do líder; deve ser compartilhada."

"Mudar para evoluir. É uma premissa básica da vida e do negócio. Crie um ambiente no qual a mudança seja um processo sistematizado e natural, que abranja todas as pessoas e todos os processos."

"Questione sempre. Como fazer suas atividades e processos de maneira diferente? Saia de sua zona de conforto e do automático. Extrapole seus limites."

"Planeje, revisite e crie um fluxo sistemático para a mudança."

"Simplificar processos e deixá-los mais leves e menos burocráticos é difícil — porém, é sempre possível."

"Reinvente continuamente; olhe com visão crítica os seus processos internos e esteja pronto para simplificar e melhorar sempre."

"Busque soluções em ações simples e permita que processos críticos sejam revisitados por pessoas que não os executem frequentemente. Escute os menos experientes. Eles podem trazer soluções tidas como improváveis. Permitir a contribuição desse público pode alcançar resultados muito positivos e ganhos significativos."

"Quando os resultados vão muito além dos imaginados, a sensação do dever cumprido é muito gratificante. Dá uma sensação de plenitude e felicidade, que faz com que as próximas tarefas sejam iniciadas ainda com mais energia positiva."

"Crie grupos de pessoas com alta performance que possam desenvolver projetos fora de sua área de atuação. Elas vão levar uma visão diferenciada a um processo tradicional, objetivando, por exemplo, a eficiência no uso dos recursos. Para escolher essas pessoas, crie critérios claros e os torne públicos, evitando fazer indicações."

"Desenvolva programas estruturados de recepção de ideias com reconhecimento das pessoas criativas."

"Priorize as ideias e saiba aplicar a energia e o tempo adequadamente em cada uma. Esteja atento às oportunidades, perceba as ameaças e use a intuição."

Compartilhar:

"Crie um ambiente onde seja possível compartilhar ideias, preocupações e sentimentos com as pessoas que estão ao nosso redor. Isso estimula o desenvolvimento e gera confiança."

"Conviver em sociedade não é fácil, e o melhor que se pode fazer para evoluir é o diálogo franco e aberto, em que cada um possa compartilhar ações e oportunidades na formação de uma sociedade melhor e mais justa."

"Compartilhe com intensidade tudo o que conquistou na maior abrangência possível. Saia do lugar-comum, ajude os outros (principalmente aqueles que mais necessitam)."

"Quando o valor é compartilhado com os colaboradores, fica fácil para cada um entender a lógica que realimenta o círculo virtuoso da felicidade. Felicidade gera lucro, que gera felicidade, que gera mais lucro e mais felicidade para todos — para a pessoa e para a empresa."

"Acreditar nas pessoas, praticar o respeito e a participação efetiva, melhorar com os diferentes estilos e compartilhar o desenvolvimento acaba por ser um ciclo infinito, no qual todos os envolvidos se beneficiam."

"Compartilhar o conhecimento prático e vivenciado no dia a dia é essencial para o autodesenvolvimento e a perenidade do negócio."

"Promova a troca de informações e o intercâmbio de experiências. Os mais experientes ensinam os menos experientes, que mais tarde também poderão replicar esse conhecimento e enriquecê-lo ainda mais com a sua própria vivência."

"Utilize o público interno para realizar os treinamentos. Identifique, valide, desenvolva e reconheça as pessoas que têm interesse em atuar como educadores, compartilhando e disseminando os conhecimentos técnicos."

"Demonstre o desejo genuíno de contribuir com a sociedade e fazer algo diferente. Desenvolva trabalhos que extrapolem os muros da empresa. Vá além do voluntariado. Priorize ações como educação, inclusão de pessoas com deficiência, desenvolvimento de renda nas comunidades e desenvolvimento cultural."

"O compartilhamento inclui ações de cidadania, o que ajuda as pessoas a incorporar competências gerenciais essenciais, promovendo, consequentemente, a humanização dos negócios."

Justo no momento em que estava terminando de ler e organizar esses depoimentos, minha esposa entrou no escritório lá de casa. Já fazia horas que eu estava trabalhando neste capítulo do livro. Em geral, é com prazer que me dedico a essa atividade, mas preciso admitir que a produção de um livro não é simples: dá trabalho, exige dedicação, concentração e é realmente exaustiva. Mesmo assim, quando ela entrou, em vez de estar com um ar cansado, eu estava com um sorriso largo no rosto. Muito sensível e perceptiva, minha esposa quis compartilhar comigo aquele momento que parecia ser de grande satisfação — e de fato era. Ela me perguntou, então, a razão daquele meu momento de felicidade, e eu lhe expliquei...

Em primeiro lugar, é que estar chegando ao final do último capítulo do meu livro reforça aquela sensação gratificante de ter atingido mais uma meta. Eu me propus a escrevê-lo para compartilhar com o maior número possível de pessoas a nossa Filosofia de Gestão. Aqui está o livro, praticamente pronto. Ao longo desses meses, fiz um esforço extraordinário e tenho certeza de estar oferecendo a você, leitor, o meu melhor. Então estou tranquilo, satisfeito e com aquela esperança boa de que este livro lhe sirva de inspiração: você pode e é capaz de transformar a própria vida para se dar a oportunidade de SER mais FELIZ! Eu lhe ofereço o meu melhor e espero que você também dê o melhor a você mesmo, compartilhando-o, depois, com as outras pessoas. Com sinceridade, acredito que é praticando esses valores que vamos tornar nossa sociedade mais justa, próspera e MAIS FELIZ! Portanto, pelo menos por enquanto, eu me dou por satisfeito. Agora é a sua vez: ACREDITE, PRATIQUE, MELHORE e COMPARTILHE.

Em segundo lugar, minha satisfação se justifica porque, ao ler e reler os depoimentos de nossos líderes e colaboradores, eu me dei conta de quanto esses valores e práticas estão permeados em nossa cultura organizacional e já são capazes de influenciar positivamente as pessoas. Nem faz tanto tempo assim que realizamos o funeral do nosso modelo tradicional de gestão... De lá para cá, os efeitos positivos da nossa Filosofia de Gestão não se tornaram visíveis apenas nos relatórios financeiros apresentados aos acionistas ou nos indicadores de eficiência e qualidade. Estão entranhados em nós e já se tornaram efetivamente parte do nosso DNA. Mais emocionante ainda é constatar que mais de duzentas empresas já nos procuraram para saber mais sobre a nova Filosofia de Gestão. Acho que temos sido úteis, sim.

Outro dia, durante uma sessão do Papo Expresso,* um colaborador me disse que se um dia eu for embora da empresa, vão contratar um estagiário. Ri e concordei. Aquela pessoa estava me mostrando o que é hoje um fato: o nosso processo de desenvolvimento está tão consistente que a sucessão dos líderes ocorre com a maior naturalidade, mesmo que seja eu, o presidente da empresa. Quando eventualmente um profissional sai da empresa, já temos seus sucessores capacitados e contagiados por completo pelos valores e práticas da Filosofia de Gestão. Por isso, nada mais provável que, na sucessão do CEO, haja a necessidade, por fim, de buscar no mercado um(a) estagiário(a) ou um(a) jovem aprendiz. Com outras palavras, se o CEO sair, vai ser aberta uma posição lá na ponta oposta do canal de sucessão.

Dessa forma, considero que o meu sorriso de satisfação neste momento de conclusão do livro está mais do que justificado. Aquilo que, no passado, foi um sonho e se tornou meu Projeto de Vida, ago-

---

* A explicação sobre o que é o programa Papo Expresso está no capítulo 6.

ra é a nossa Filosofia de Gestão — implementada e oferecendo frutos para TODOS. Tenho agora algo mais em que ACREDITAR: sei que, mesmo que um dia eu não esteja à frente da empresa como CEO, cada um de nossos colaboradores já leva dentro de si uma semente capaz de brotar e se enraizar profundamente. Estão conscientes do próprio potencial e têm pleno poder de usá-lo para transformar a realidade. Eu continuo precisando de cada um deles para me ajudar a manter a espiral infinita em movimento. Mas eles não precisam mais de mim; cada um já é senhor de sua autonomia e líder de si mesmo.

POSFÁCIO

Sabedoria, coragem e ação

Muitos líderes, depois de passar décadas sendo pressionados a focar os aspectos mais técnicos e operacionais de suas organizações, agora são instados a valorizar também os aspectos mais subjetivos da gestão — clima organizacional, engajamento das equipes, integração e sinergia etc. — e a aguçar sua capacidade de introspecção e sensibilidade para lidar com essas dimensões menos objetivas e menos tangíveis. Já não é raro encontrar empresários e executivos dispostos a examinar como a gestão pode ser continuamente aperfeiçoada e otimizada por "melhores práticas" que trabalhem esses aspectos mais intangíveis da vida organizacional. No entanto, seu alvo continua a ser os fatores mais objetivos, materiais e mensuráveis da empresa: como esse intangível levará a melhores processos técnicos e humanos, que por sua vez podem aumentar a produtividade, a eficiência e o lucro da organização. Em minha opinião, é justamente nesse aspecto — o do propósito das melhorias — que Márcio Fernandes mais se destaca. Corajoso e inovador, ele propõe — e nos convida a praticar — o que chama de Filosofia de Gestão. Uma forma de pensar que, embora considere as questões técnicas, operacionais e processuais em suas melhores práticas, coloca como objetivo principal o bem-estar das pessoas.

O jovem Márcio tem a ousadia de se posicionar contra a noção de mérito associado a quem mais contribui para maximizar o lucro para o acionista, um senso comum entre as empresas "de sucesso". Essa noção é um aspecto "cultural" que se instalou no mundo dos negócios e tem levado muitos profissionais a bater metas definidas pela cúpula, mesmo quando esses objetivos deixam de lado ou até prejudicam os outros *stakeholders*. Seguindo no sentido contrário a essa premissa, Márcio acredita que o lucro tem qualidade. Não é simplesmente um número neutro. Ele acredita que o lucro é consequência, e, assim sendo, não pode ser considerado a razão de ser do empreendimento. É resultado de uma filosofia de gestão que respeita todos os *stakeholders* e faz com que o propósito da organização seja atingido de forma digna. Para Márcio, o melhor líder é aquele que serve de inspiração para que as muitas pessoas que compõem o conjunto de *stakeholders* se tornem protagonistas de suas vidas, numa busca pelo próprio bem-estar e felicidade, enquanto atuam em suas organizações, fazendo o seu melhor e trabalhando pelo bem de todos.

Já há algum tempo tenho essa mesma convicção. Em 2013, num artigo chamado "A liderança necessária",* proponho que nossos líderes transcendam a realidade objetiva e mais evidente, passando a focar também as necessidades mais subjetivas e sutis do ser humano, que, na verdade, são as mais nucleares e essenciais: participar da construção de algo maior; fazer a diferença; deixar um legado para as próximas gerações; receber respeito, afeto, amor e amizade; sentir que pertence ao grupo e a uma estrutura maior; elevar seu nível de consciência e evoluir espiritualmente.

As pessoas aspiram à própria felicidade e à dos outros. Corroborando essa ideia, em agosto de 2015, o SPC Brasil** divulgou uma

---

* Você pode ler o artigo na íntegra através do site <oscarmotomura.com.br/PDF/lideranca_necessaria.pdf>. Acesso em: 31 ago. 2015.

** Mais detalhes da pesquisa realizada pelo SPC Brasil podem ser encontrados no artigo "Quase 70% dos brasileiros trocariam dinheiro por mais tempo com a família", publicado na *Folha de S.Paulo* em 8 de agosto de 2015. Disponível em: <1.folha.uol.com.br/colunas/carodinheiro/2015/08/1663792-quase-70-dos-brasileiros-trocariam-dinheiro-por-mais-tempo-com-a-familia.shtml#_=_>. Acesso em: 10 ago. 2015.

pesquisa a respeito dos fatores de bem-estar mais relevantes para os brasileiros. De acordo com esse levantamento, 70% da população prefere ter uma rotina que permita passar mais tempo com a família — mesmo que isso signifique receber um salário menor. Hoje, não se espera, portanto, que o líder se dedique primeiro ao que é necessário à sobrevivência material ou à geração de lucros e depois cuide da realização dos seres humanos em seus aspectos mais essenciais. Uma nova perspectiva está surgindo na gestão organizacional, na qual se valorizam simultaneamente os vários aspectos que compõem o chamado "resultado", dando precedência e peso maior ao atendimento das necessidades mais sutis do indivíduo. Sem que as pessoas estejam em seu melhor estado físico, mental, emocional e espiritual, não é possível otimizar nenhum tipo de resultado.

Ao adotar um modelo de gestão, todo líder precisa estar consciente de que na base de cada um deles há uma "filosofia", um jeito de pensar. Contar com o respaldo de um conjunto de ideias com um nível de consciência maior — que eleve as aspirações de todos e dê sentido a sua atuação diária diante das estratégias da empresa — parece fundamental. Uma filosofia que nos estimule a perguntar: Para que fazemos tudo isso? O que estamos tentando construir? Com que intenção? Construir algo só para si ou para o todo maior, para o bem comum? Até que ponto o jeito de fazer é mais importante do que os próprios resultados? Sem uma filosofia bem formulada e bem fundamentada, seremos simplesmente escravizados pela pressão das metas e pela busca de resultados que, em última instância, nem sequer sabemos para que servem. Num contexto desses, ninguém na verdade lidera ninguém — nem a si mesmo.

Márcio faz neste livro um relato franco das influências pessoais e das vivências mais importantes que o levaram a uma reflexão que ultrapassa em muito os números dos relatórios trimestrais para os acionistas, apesar de sua formação e experiência em finanças. Sua inquietude, seu não conformismo, seus mergulhos introspectivos semearam tudo que, pouco a pouco, foi dando forma e conteúdo aos valores e às práticas de liderança que hoje são uma realidade e referência de mercado pelos resultados que têm sido alcançados, tanto em termos de eficiência e lucratividade quanto de excelência no clima organizacional. A sua capacidade de mergulhar dentro de si e pensar filosoficamente não faz com que Márcio fique só no plano das ideias, das intenções vagas, das conversas. Pelo contrário: ele assume o risco da ação o tempo todo, numa velocidade impressionante, sem se intimidar com eventuais barreiras, críticas e obstáculos. Isso parece fazer parte de sua ideologia de vida e é também resultado do seu domínio da arte de fazer acontecer, que associa boas ideias à relevância da execução, com senso de timing e excelente qualidade. E sempre de forma altamente participativa, com respeito profundo por todas as pessoas ao seu redor, próximas ou distantes, vendo-as como parceiras e membros de um grande time.

Todas essas qualidades, aliadas às suas habilidades de comunicador, fazem com que ele consiga levar, para cada um de sua instituição ou para os que assistem às suas palestras, uma valiosa reflexão sobre o mundo corporativo do século XXI, sendo capaz de engajar mais e mais organizações em torno de uma causa maior: a ideia de que as pessoas são a única razão de tudo e, por isso, têm de estar no centro da Filosofia de Gestão — algo que deveria estar presente em todas as entidades e instituições que compõem o todo maior.

Ao mostrar a origem, a estruturação e a implementação dessa Filosofia de Gestão — que Márcio faz questão de chamar de "nossa", porque foi forjada com a contribuição de muitas pessoas —, a expectativa dele não é oferecer um modelo a ser copiado, seguido ou mitificado. Pelo contrário, o objetivo manifesto deste livro é inspirar os leitores, de modo especial os mais jovens, a assumir plenamente sua liberdade de ser quem são e se entregarem de corpo e alma à batalha diária de ser feliz, escrevendo o roteiro de sua jornada de vida — algo único, pessoal e intransferível. Sagrado, até. Como Márcio tem o hábito de dizer: "Eu sou como todo mundo... só estou vencendo a batalha para ser feliz! Então... se eu posso, todo mundo pode!".

Muitas pessoas têm oportunidades como as de Márcio. Pais amorosos que fazem o melhor por seus filhos e deixam legados de essência na área de valores, formação de caráter e filosofia de vida. Algumas, como ele, aproveitam essas oportunidades. Outras as desperdiçam. Preferem buscar o que o ego deseja e entram na cultura da falsa meritocracia (aliás, muitos programas de incentivo nas empresas estimulam esse lado dos funcionários e centram suas práticas em competição interna, cargos mais glamorosos, incentivos financeiros e benefícios que são símbolos de poder e status). Há também aquelas que nunca tiveram oportunidades: cresceram em famílias problemáticas, em contextos de alto risco e até muito próximas do crime, ou então trabalham em ambientes nos quais a integridade está longe do ideal. Aqui também vemos exemplos extraordinários de superação. Líderes excepcionais que são exemplos para todos nós que atuamos no mundo dos negócios. Em ambientes extremamente desfavoráveis, conseguem fazer com que todos ao seu redor evoluam e sejam seres humanos dignos e felizes. Outros, é claro, deixam-se levar pelas forças negativas do contexto onde vivem e se perdem, inclusive no mundo do crime e das propinas. Será que mesmo os que se perderam podem voltar ao caminho do bem, superando o ego e trabalhando, em contínua evolução positiva, para a construção do bem comum? Com certeza. Basta se atentar ao redor e ter olhos para enxergar a riqueza de exemplos extraordinários muito próximos de nós. O funcionário-modelo em rápida ascensão que sequer teve família e que também é líder da igreja de sua comunidade. O operário e ex-presidiário que é o melhor do setor e também atua numa ONG que cuida de crianças carentes em áreas de risco. O office boy que nunca recebeu educação familiar ou formal e que, ainda adolescente, já tem espírito de liderança e se relaciona até com os diretores da empresa de igual para igual.

Sim. Márcio é como todo mundo. Se ele pode, todo mundo pode. Mas para conseguir as vitórias que ele consegue é preciso aproveitar muito bem todas as oportunidades que a vida nos traz a cada dia. E como aproveitar as oportunidades se não soubermos aonde queremos chegar e o que está na base desse querer? Essa reflexão só será profunda e significativa se tivermos uma capacidade de abstração desenvolvida. Se conseguirmos contemplar com sabedoria. Se conseguirmos filosofar. Se, como Márcio, tivermos uma filosofia de gestão que permita focar a energia de cada um na direção do bem-estar das pessoas. Na direção do bem comum. Na direção da felicidade do todo.

Para encerrar este posfácio, deixo com você, leitor, um pequeno trecho do livro de Dee Hock, criador de um conceito organizacional — responsável por fazer da Visa o maior empreendimento comercial do mundo — que alia alta liberdade de criação a todos os colaboradores (caos criativo) à ordem (norteada por poucos princípios nucleares): o "caórdico", uma das ideias que eu e Márcio compartilhamos em nosso trabalho para desenvolver organizações excepcionais. Ao longo da sua própria jornada, nos momentos em que você duvidar do seu poder de transformar a realidade, esta reflexão de Dee Hock poderá ajudar:

> Gestão não é buscar fazer dos outros pessoas melhores. É, antes de tudo, fazer de si mesmo uma pessoa melhor. [...] Não há regras nem regulamentos restritivos, hierarquias rígidas, chefes inadequados que possam bloquear sua energia, suas capacidades e sua engenhosidade. Podem dificultar o caminho, mas não podem impedi-lo. O poder real é seu e não deles. [...] Lidere a si mesmo, lidere seus superiores, lidere seus pares; traga para sua equipe boas pessoas e deixe-as livres para fazerem o mesmo. Todo o resto é trivial.[*]

Oscar Motomura[**]
CEO do Grupo Amana-Key

---

[*] Dee Hock, op. cit., p. 75.
[**] Fundador e CEO do Grupo Amana-Key, organização especializada em inovações radicais em gestão, estratégia e liderança (<amana-key.com.br>).

Agradecimentos

Se fosse nomear uma a uma as pessoas a quem gostaria de agradecer pelo sucesso dos meus projetos de vida — o que inclui este livro —, dezenas de páginas não seriam o bastante. E, mesmo assim, é bem provável que ainda deixasse alguém de fora, injustamente esquecido. Todos os dias a convivência com os outros me ensina alguma coisa nova. Às vezes, aprendo até com quem passa de forma anônima pela minha vida. Por isso, em primeiro lugar, deixo aqui meu agradecimento a todos com quem tenho tido a oportunidade de me relacionar, compartilhar aprendizados e, com interesse genuíno, colaborar para o mútuo desenvolvimento.

Após a leitura do livro, porém, você, leitor, vai perceber que não posso deixar de fazer uma manifestação especial de gratidão à minha família. Cada um deles teve — e tem — um papel essencial, oferecendo-me com amor a sua melhor colaboração. Ao meu pai, agradeço o estímulo à minha porção lógico-racional, que me dá a visão de processo e a capacidade de definição de estratégias e táticas necessárias para atingir metas. Se aprendi a ser efetivo, devo isso a ele. À minha mãe, tenho de agradecer o desenvolvimento das minhas habilidades de relacionamento e comunicação. Foi ela quem acrescentou inteligência emocional — afetividade — à minha efetividade.

Agradeço também à minha amada esposa pelo carinho diário e pelo incentivo, principalmente na busca pelo equilíbrio entre a efetividade do meu pai e a afetividade da minha mãe. Ela é a bússola que canaliza a energia das minhas ansiedades na direção certa. E ao meu filho e às minhas duas filhas digo apenas que são um presente da vida. Acalmam meu coração e fortalecem minha alma. Quando me sinto cansado, é o amor deles que me revigora. Ao fim de cada dia, basta um carinho dos meus filhos e o ânimo ressurge intacto.

Como CEO, à frente da gestão dos negócios na Elektro desde 2011 e convivendo com esse grupo incrível desde 2004, tenho a satisfação de expressar minha imensa gratidão aos nossos diretores e aos mais de duzentos líderes pela sábia e humilde decisão de valorizar as pessoas. Além disso, agradeço a cada um dos quase 4 mil colaboradores da empresa. Tenho consciência de que só com a cooperação e o engajamento de todos foi possível desenvolver e implementar com sucesso nossa nova filosofia. Trabalhando juntos, somos mais felizes e todos lucramos. E, por fim, agradeço profundamente a você, meu novo leitor, com quem iniciei a jornada de compartilhamento da nossa Filosofia de Gestão.

Muito obrigado a todos!

Referências bibliográficas e sites

ABAD, Héctor. *A ausência que seremos*. São Paulo: Companhia das Letras, 2011, p.103.

ANDRADE, Renato Fonseca de. *Conexões empreendedoras: Entenda por que você precisa usar as redes sociais para se destacar no mercado e alcançar resultados*. São Paulo: Gente, 2010.

"BOMBEIROS localizam corpo e Itaoca, SP, registra 24 mortos após enchente". Portal G1. Disponível em: <http://g1.globo.com/sp/santos-regiao/noticia/2014/01/mais-uma-vitima-e-encontrada-e-enchente-de-itaoca-registra-24-mortos.html>. Acesso em: 14 jul. 2015.

CASTANHEIRA, Joaquim (Org.). *#VQD: Vai que dá! — Dez histórias de empreendedores que transformaram sonhos grandes em negócios de alto impacto*. São Paulo: Portfolio-Penguin, 2014.

DANA, Samy. "Quase 70% dos brasileiros trocariam dinheiro por mais tempo com a família". Disponível em: <1.folha.uol.com.br/colunas/carodinheiro/2015/08/1663792-quase-70-dos-brasileiros-trocariam-dinheiro-por-mais-tempo-com-a-familia.shtml#_=_>. Acesso em: 10 ago. 2015.

DE MASI, Domenico. *O ócio criativo*. Rio de Janeiro: Sextante, 2000.

DORON, Roland; PAROT, Françoise. *Dicionário de psicologia*. Lisboa: Climepsi, 2001.

ELLENBERG, Jordan. *O poder do pensamento matemático*. Rio de Janeiro: Zahar, 2015.

FREIRE, Paulo. *Pedagogia da autonomia: Saberes necessários à prática educativa*. São Paulo: Paz e Terra, 2013.

GOLDRATT, Eliyahu M.; COX, Jeff. *A meta: Teoria das Restrições (TOC) aplicada à indústria*. Barueri: Nobel, 2014.

"GREAT PLACE to Work® aponta caminhos para encontrar significado no trabalho". Disponível em: <greatplacetowork.com.br/blog-gptw/1058-great-place-to-workr-aponta-caminhos-para-encontrar-significado-no-trabalho>. Acesso em: 1º ago. 2015.

HENLEY, William Ernest. "Invictus". Disponível em: <casadacultura.org/Literatura/Poesia/g12_traducoes_do_ingles/invictus_henley_masini.html>. Acesso em: 6 jun. 2015.

HOCK, Dee. *Nascimento da era caórdica*. 5. ed. São Paulo: Cultrix, 2014.

JUNG, Mílton. "Persistência e início cedo no mercado foram o mais importante para me levar ao topo de uma empresa". Disponível em: <goo.gl/NjFc2a>. Acesso em: 29 jul. 2015.

"KEPNER-TREGOE History". Disponível em: <kepner-tregoe.com/about-kt/company-overview/kepner-tregoe-history/>. Acesso em: 1º maio 2015.

LANNOY, Carlos de. "Estudantes da rede pública são premiados na Olimpíada da Matemática". Disponível em: <g1.globo.com/bom-dia-brasil/edicoes/2015/07/21.html?fb_ref=Default#!v/4335868>. Acesso em: 21 jul. 2015.

MAGAZINE LUIZA. "Perfil da empresa". Disponível em: <sp1a.magazineluiza.com.br/quem-somos/perfil-da-empresa/>. Acesso em: 15 jul. 2015.

MARTINS, Diego Torres. "Sonho grande com Diego Martins". Disponível em: <endeavor.org.br/sonhogrande-diego-martins-acesso-digital/>. Acesso em: 29 jul. 2015.

"PAPA fala de corrupção e diz a jovens para 'não se acostumarem ao mal'". Disponível em: <g1.globo.com/jornada-mundial-da-juventude/2013/noticia/2013/07/papa-fala-de-corrupcao-e-diz-jovens-para-nao-se-acostumarem-ao-mal.html>. Acesso em: 20 jul. 2015.

PETERS, Tom. "Tom Peters on the Attributes of Great Leaders". Disponível em: <youtube.com/watch?v=3n7L9iiOTT0>. Acesso em: 11 abr. 2015.

PRÊMIO NACIONAL DA QUALIDADE. "Prêmio é o reconhecimento máximo à excelência da gestão das organizações no Brasil". Disponível em: <fnq.org.br/avalie-se/pnq>. Acesso em: 1º ago. 2015.

SZNIFER, Moisés Fry. "*Mundo Corporativo*: Entrevista com Moisés Fry Sznifer". Disponível em: <youtube.com/watch?v=iUv2vorfuI0>. Acesso em: 1º ago. 2015.

TEIXEIRA, Alexandre. *De dentro para fora: Como uma geração de ativistas está injetando propósitos nos negócios e reinventando o capitalismo.* Porto Alegre: Arquipélago, 2015.

TERRA, José Cláudio Cyrineu. "*Storytelling* como ferramenta de gestão". Disponível em: <biblioteca.terraforum.com.br/BibliotecaArtigo/Storytelling%20como%20ferramenta%20de%20gest%C3%A3o.pdf>. Acesso em: 10 abr. 2015.

WOLTON, Dominique. *Informar* não é *comunicar*. Porto Alegre: Sulina, 2010.

ZANDER, Benjamin. "Benjamin Zander: Leadership on Display". Disponível em: <youtube.com/watch?v=8bJNw91QyyM>. Acesso em: 9 abr. 2015.

ZANDER, Benjamin; ZANDER, Rosamund Stone. *A arte da possibilidade.* Rio de Janeiro: Campus, 2001.

TIPOGRAFIA Arnhem Blond
DIAGRAMAÇÃO acomte
PAPEL Pólen Soft, Suzano S.A.
IMPRESSÃO Geográfica, março de 2024

A marca FSC® é a garantia de que a madeira utilizada na fabricação do papel deste livro provém de florestas que foram gerenciadas de maneira ambientalmente correta, socialmente justa e economicamente viável, além de outras fontes de origem controlada.